AF233181

RAPPORT

FAIT À

SA MAJESTÉ

LOUIS XVIII.

IMPRIMÉ À CONSTANCE.

Réimprimé à *LONDRES*, & se trouve chez
J. DEBOFFE, Libraire, Gerrard-street; DULAU
& Co. No. 107, Wardour-street; BOOSEY, Broad-
street, près de la Bourse-Royale, & chez tous les autres Libraires.

———

1796

LETTRE

A U

ROI.

MARS, 1796.

SIRE,

COMME l'Ancien de vos Conseillers d'Etat retirés en Angleterre, je crois devoir mettre sous les yeux de VOTRE MAJESTÉ, un

B Ouvrage

Ouvrage qui vient de paroître à Londres, intitulé *Tableau de l'Europe*; j'en rendrai compte à VOTRE MAJESTÉ, comme je le ferois dans son Conseil, si les circonstances permettoient de l'assembler.

Quoique dans le moment actuel, VOTRE MAJESTÉ, ne puisse ni récompenser, ni punir, le jugement qu'elle porte, n'en est pas moins respectable aux yeux de ses sujets fidèles; et l'approbation ou l'improbation de VOTRE MAJESTÉ doit être précieuse ou formidable pour tout François sensible à l'honneur.

Il n'est pas nécessaire, que VOTRE MAJESTÉ, prenne la peine de me répondre:

répondre ; mon zèle n'a pas besoin d'une marque de bonté pour remplir un devoir.

Je mêts aux pieds de VOTRE MAJESTÉ, l'hommage du plus profond respect.

ERRATA.

UNE réimpression en Angleterre sur un imprimé en Allemagne, d'un Ouvrage écrit dans une langue étrangère aux deux pays, & sur une simple copie dans le plus mauvais ordre, a nécessairement occasionné beaucoup de fautes. Toutes les fois que le lecteur trouvera quelqu'obscurité dans le texte, il est prié de consulter l'Errata.

SOMMAIRE.

Page *iii, ligne première, devoir *lisez* devoirs
Ibid. 10, droit public *l.* droit privé ...
iv, 15, du genre d'esprit .... de ses habitans *l.* du genre d'esprit de ses habitans ;
v, 18, c'est *l.* est
vii, 1, nécessaire à donner *l.* nécessaire de donner

CORPS DE L'OUVRAGE.

1, 19, fair *l.* faire
7, 16, loi ce qui *l.* loi, cette loi qui
10, 4, en 1325 *l.* en 1328
15, 2, n'y créées n'y détruites *l.* ni créées ni détruites
Ibid. 20, l'existence *l.* l'inexistence
16, 15, constitués ; *l.* constitués
Ibid. 18, siècle. *l.* siècle ;
Ibid. 20, tribut *l.* tribus
17, 4, les loix *l.* ces loix
Ibid. 8, le nombre *l.* nombre
19, 4, les temps *l.* le temps
Ibid. 11, s'étoit *l.* étoit
Ibid. dernière, un exemple encore plus *l.* un exemple plus
21, 1, ordonnée *l.* ordonné
26, 7, par sa nature même ; comme *l.* par sa nature ; comme
28, 18, en recevoir des loix *l.* en recevoir, des loix
32, 13, n'étoit *l.* n'étoient
Ibid. 20, doivent *l.* devoient
34, 6, privilèges *l.* prérogatives
38, 4, ses *l.* ces
Ibid. 12, en avoient *l.* & en avoient
40, 4, n'étoit *l.* n'étoient
43, 18 & 19, y celles *l.* ycelles
45, 17, finances *l.* finance
50, 2, seules *l.* seule
53, 7, ni sur aucun principe *l.* elles ont établi peu de principes

Page 53, ligne dernière, émaner directement du Roi *l.* émaner du
            Roi sans le concours des Etats
      55,   16, (54) *l.* (53)
      60,   20, ou présumé, d'après *l.* présumé d'après
      61,   16, sa vigueur d'après *l.* sa vigueur ; d'après
      63,   17, leur limitation ; *l.* leur limitation,
      64,   5, sans les enfreindre *l.* en suivant les voyes
            qu'elles mêmes ont ouvert pour leur réforme
      64,   23, je ne crois pas, *l.* je n'en crois pas
      66,   11, convainquans *l.* convaincans
      68,   20, discuté *l.* discutées
      69,   2, faire valloir ; *l.* faire valloir,
    Ibid.   22, de conserver & cultiver *l.* de conserver & de
            cultiver
      70,   18, que si cette insertion *l.* que si de cette insertion
      71,   10, il s'en suit *l.* il suit
      76,   20, 1496, Henry IV. *l.* 1596, Henry IV.
      79,   5, le pain *l.* la part
    Ibid.   13, demandèrent la conservation de ceux *l.* deman-
            dèrent & obtinrent la conservation des droits
            de ceux
      80,   2, exceptions *l.* exemptions
    Ibid,   6, exceptions *l.* exemptions
      83,   21, somme, deniers, *l.* somme ni deniers
    Ibid.   29, individuel *l.* physique
      86,   2, le résultat est *l.* le résultat de cette forme est
    Ibid.   13, celle-ci *l.* celle-là
    Ibid.   29, cette haute idée *l.* cette existence
    Ibid. dernière, ne se respecte pas, *l.* ne la respecte pas
      87,   22, incapable *l.* incapables
    Ibid.   28, les cœurs *l.* les Cours
      88,   21, dénonciation *l.* dénomination
      89,   10, l'étendu *l.* l'étendue
      90,   22, les motifs ; *l.* les motifs,
      91,   4, déterminent quel genre de Constitution *l.* déter-
            minent ce que doit être toute Constitution, &
            quel genre de Constitution
    Ibid.   5, Il faut les retracer, les appliquer *l.* il faut re-
            tracer ces principes & les appliquer
      95,   20, ou *l.* et
      96,   2, d'oppresseurs. *l.* d'oppresseurs ;
    Ibid.   4, de vexations. *l.* de vexations ;
    Ibid.   17, ne l'opprime pas. *l.* ne l'opprime pas ;
     101,   3, de l'Etat *l.* de l'ordre
    Ibid.   15, les jouissances, *l.* les jouissances ;
     102,   7, réunies avec *l.* réunies, avec
     104,   5, moins elle existe, plus il est nécessaire *l.* moins
            elle existe ; mais moins elle est apparente,
            moins elle existe, & plus il est nécessaire
     109,   9, de Constitution, *l.* de Constitution ;
     110,   5, que d'une part, l'énergie du désir, & de l'au-
            tre, l'étendue des moyens ; *l.* que d'une part
            l'énergie du désir, & de l'autre l'étendue des
            moyens ;

Page 113, ligne 10, de l'une & l'autre *l.* de l'une & de l'autre
113,   21, y sacrifier *l.* lui sacrifier
115,   7, aussi *l.* ainsi
117,   11, sait combien de peuples *l.* sçait que les succès
                militaires sont préparés dans les Conseils, &
                combien de peuples
119,   7, sujets de guerre multipliés *l.* sujets de guerre,
                multipliez
120,   17, doit être une Monarchie d'après *l.* doit être une
                Monarchie, d'après
121,   20, débouches, *l.* débouchés
122,   7, précoces *l.* précoce
Ibid.   17, du pays *l.* d'un pays
124,   11, résultant de la naissance, & celle résultant *l.*
                résultante de la naissance, & celle résultante
126,   8, de force ; *l.* de force,
Ibid.   21, le malaise *l.* la malaisance
127,   15, publique *l.* public
128,   13, peut-être pas ni *l.* peut-être ni
130,   6, à se gouverner elle-même. *Après ces mots il*
                faut un alinea. Il n'en faut point à la ligne
                16, *après le mot* desabusés
131,   14, démocrates ; *l.* démocrates
Ibid.   18, défence *l.* défense
134,   3, écartent *l.* écartant
136,   4, s'honore *l.* s'honora
Ibid.   7, l'étendu *l.* l'étendue
138,   6, mais *l.* mes
141,   8, de l'intérêt. *l.* de l'intérêt ;
143,   9, produiroient *l.* produiroit
144,   6, parties *l.* partis
145,   3, En France *doit être à la ligne*
147,   1, ces *l.* ses
148,   11, d'un seul puisqu'il *l.* d'un seul, puisqu'il
Ibid.   15, il ne peut être *l.* la loi ne peut être
150,   3, trouvé *l.* trouvez
157,   13, avantageux *l.* favorables
162,   19, à une nation, lors même que nous critiquons
                l'excès de cette Puissance. *l.* à une nation.
                Lors même que nous critiquons l'excès de cette
                Puissance,
163, dernière, les autres Trônes même dans le seizième siècle ;
                époque de la civilisation Européenne. Rome
                a eu *l.* les autres Trônes. Même dans le sei-
                zième siècle, époque de la civilisation Euro-
                péenne, Rome a eu
164,   3, quartorzième *l.* quatorzième
165,   21, qui commande aux hommes *l.* qui commande,
                aux hommes
167,   23, 1776 aussi extraordinnaire *l.* 1766, aussi extra-
                ordinaire
168,   14, étoient *l.* & étoient
171,   17, { *substituer à ces deux lignes :* Depuis l'année
           18, { 1654.

SOMMAIRE

SOMMAIRE

DU

RAPPORT

FAIT À

SA MAJESTÉ LOUIS XVIII.

SUR LE LIVRE INTITULÉ

TABLEAU DE L'EUROPE.

RAPPORT,

EXPOSITION.

L'Ouvrage intitulé, *Tableau de l'Europe*, attaque tous les Principes du Droit Public de France . . . . Conséquences des assertions contenues dans cet Ouvrage . . . . ces conséquences plus dangereuses parce que l'Auteur s'annonce pour être un ancien Ministre du Roi de France.

SECTION I.

Existe-t-il Contradiction entre les Opinions de l'Auteur à diverses Époques ?

Opinion de l'Auteur, lorsqu'il étoit en place . . . dans le temps de l'élection pour les Etats-Généraux . . . . dans le

B 3

temps

temps où il a passé à la Cour de Turin . . . depuis qu'il
n'est plus chargé d'aucune partie de l'Administration
pour la Contre-Révolution.

SECTION II.

*La Loi Salique existe-t-elle ? N'est-elle qu'une Loi insig-
nifiante ?*

I. L'Auteur discute l'existence de la Loi Salique d'après
une plaisanterie . . . traite cette question en termes
burlesques . . . Texte de cette Loi . . . confirmation
de cette Loi en 1316, & en 1328.

II. Les motifs qui peuvent avoir déterminé à attaquer
cette Loi dans les circonstances actuelles sont
inexplicables.

SECTION III.

*Avant la Révolution, existoit-il une Constitution Politique
en France ?*

I. En quoi consiste une Constitution Politique . . . distinction de la Constitution de l'Etat & du Gouvernement . . . des variations dans la Constitution n'en
empêchent pas l'existence.

II. Dès l'origine de la Monarchie Françoise le Gouvernement réglé par des Loix . . . La Constitution de
l'Etat a pris consistance avec la troisième race.

III. Notice historique des modifications de la Constitution
de l'Etat de France depuis la troisième race . . .
événement le plus remarquable, formation des Etats-
Généraux.

IV. Suivant la Constitution de l'Etat, Droits des
François.

V. Distinction

B 4

SECTION V.

Sur le *Manifeste de Juillet* 1795.

OBSERVATION PERSONNELLE AU RAPPORTEUR
DE CETTE AFFAIRE.

RAPPORT

RAPPORT

À

SA MAJESTÉ LOUIS XVIII.

ROI DE FRANCE ET DE NAVARRE.

SIRE,

J'AI l'honneur de rendre compte à Votre Majesté, d'un Ouvrage intitulé *Tableau de l'Europe*. Cet Ouvrage a paru à Londres en diverses parties dans une feuille périodique. Ensuite il a été réimprimé & réuni en un seul livre. On en annonce une nouvelle édition & une traduction en Anglais.

Le

Le *Tableau de l'Europe* expose quelle est la situation politique de cette partie du monde, juge les intérêts, les moyens, la conduite des Puissances Européennes, accuse les Gouvernemens qui n'adoptent pas ses idées, de méconnoître ou de trahir les intérêts de leur Nation. Il considère les forces de cet Etat que je ne puis nommer qu'avec répugnance la République Françoise ; il en apprécie les moyens, les fautes & les ressources. Quoiqu'il me soit absolument impossible d'adopter la plûpart des jugemens que porte l'Auteur, j'applaudirois avec empressement aux motifs qui l'ont déterminé à écrire, s'il s'étoit borné à exhorter les Puissances Européennes à co-opérer à une Contre-Révolution en France, & s'il n'avoit point professé sur la Monarchie Françoise des opinions que tout sujet fidèle de VOTRE MAJESTÉ doit entendre au moins avec surprise, & avec peine, & que tout Conseiller d'Etat de VOTRE MAJESTÉ est appellé à réfuter.

L'Auteur du *Tableau de l'Europe* attaque tous les principes que nous avons toujours considérés

comme

sacrés. Il prétend que la Loi Salique ou n'existe pas ou est insignifiante ; qu'avant la Révolution il n'y avoit pas de Constitution Politique en France ; qu'il faut en former une nouvelle sans s'arrêter à ce qui existoit, & que telle a été de tout tems son opinion. Enfin il veut qu'on ne reconnoisse point le Manifeste du mois de Juillet 1795 pour être l'ouvrage de Votre Majesté parce que c'est un écrit pernicieux.

Les conséquences qui résultent de ces propositions sont sensibles.

S'il n'existoit pas de Constitution Politique en France, la Révolution est justifiée ; car tout peuple a droit d'avoir une Constitution Politique ; & s'il n'y avoit point de Puissance légitimement établie, il n'existe point de révolte. Si la loi qui règle la succession au Trône, est nulle ou insignifiante, lorsque par une longue & terrible expérience de malheurs, la France sera ramenée au genre de Constitution dont elle s'est déjà rapprochée, & auquel, si elle n'est pas démembrée,

elle

elle doit nécessairement revenir, il lui sera libre alors de disposer de la Couronne, & d'écarter son Roi légitime. Si le Manifeste de Votre Majesté doit être méconnu, si ses intentions dont on ne peut se dissimuler l'existence, doivent être considérées comme funestes, qui les bons François doivent-ils écouter ? & à qui doivent-ils obéir ? Une scission entre les François fidèles à Votre Majesté, est peut-être le seul malheur qui manque à l'émigration.

Si l'Auteur du *Tableau de l'Europe* avoit bien voulu rester inconnu, cet Ouvrage écrit toujours avec esprit & sagacité, souvent avec verve & rapidité, quelquefois même avec force & éloquence, mais sans ordre & sans précision, d'après des connoissances bien superficielles, & avec une logique plus foible encore, cet Ouvrage auroit pu rester confondu dans cette foule d'écrits sur les affaires du temps ; productions inconsidérées d'auteurs qui, enorgueillis de quelques succès de société, transforment leurs conversations en livres ; & devenus législateurs & politiques pour

être

être quelque chose, érigent des épigrammes en maximes d'Etat, se croyent en droit de commander à l'opinion publique qui ne leur obéit pas ; critiquent ou insultent des Rois & des ministres qui ne leur font pas l'honneur de s'en offenser ; par les jugemens qu'ils portent sur le passé ou sur le présent, prouvent qu'ils l'ignorent, & cependant s'émancipent à prédire l'avenir par des oracles régulièrement démentis par l'événement, au moment même où ces oracles paroissent ; mais l'Auteur s'est annoncé pour être un Ancien Ministre du Roi de France, & il s'est indiqué de manière qu'il n'est pas possible de le méconnoître. Dès-lors, le suffrage imposant d'un homme qui a été admis à siéger dans les Conseils du Roi, & qui a rempli une place principale dans l'Administration, doit faire une grande impression ; & on ne présumera pas qu'il ignore la Constitution d'un pays sur le Gouvernement duquel il a eu une grande influence. Dès-lors, l'étranger trop disposé à penser défavorablement de l'ancien régime de France, doit être confirmé dans ses préjugés ; beaucoup de François, peu instruits de notre droit public, peuvent être entraînés par cette opinion, & nul

c

homme

homme juste ne doit voter pour le rétablissement d'un systême politique, s'il est vrai que ce soit un systême d'oppression.

Pour que Votre Majesté puisse porter un jugement sur cet Ouvrage, j'exposerai & discuterai les questions sur lesquelles portent les assertions de l'Auteur.

1°. L'Auteur prouve-t-il qu'il n'existe aucune contradiction entre ses opinions à diverses époques ?

2°. La Loi Salique existe-t-elle ? N'est-elle qu'une Loi insignifiante ?

3°. Avant la Révolution de 1789, existoit-il en France une Constitution Politique ?

4°. Quelle Constitution Politique convient à la France ?

5°. Le Manifeste du mois de Juillet 1795, doit-il être méconnu pour l'expression des sentimens de Votre Majesté ? Peut-il induire à croire

que

(xi)

que Votre Majesté veuille établir en France
un pouvoir illimité.

Enfin, je tirerai de cette discussion une conclusion.

Quoique ce Rapport ne soit fait que pour
Votre Majesté & pour son Conseil, je parlerai
comme si j'étois entendu de l'Auteur du *Tableau
de l'Europe* ; si les faits que je cite, ou les idées
que j'adopte peuvent lui être désagréables, c'est
une suite nécessaire du sujet que je traite, & de la
discussion à laquelle je me livre ; & une discussion qui doit être la base d'un jugement, ne peut
ni ne doit être un panégyrique. Mais je ne me
permettrai de rappeller aucun fait étranger à mon
objet ; je n'en citerai aucun qui ne soit avoué ou
prouvé ; & le plus souvent l'Auteur du *Tableau
de l'Europe* sera jugé par lui-même, ou par des
décisions qui me sont étrangères, & dont il ne
peut méconnoître l'autorité. Enfin je m'interdirai
même toute expression d'un sentiment dont ne
peut se défendre un serviteur fidèle quand il croit
voir son Roi offensé.

c 2   L'Auteur

L'Auteur ne s'étant pas nommé, quoiqu'il ne manque aux indications qu'il a données que l'inscription de son nom à la tête de son Ouvrage, je ne crois pas devoir passer les limites que lui-même a marquées par cette apparence d'incognito.

SECTION

SECTION I.

L'AUTEUR PROUVE-T-IL QU'IL N'EXISTE AU-
CUNE CONTRADICTION ENTRE SES OPI-
NIONS À DIVERSES ÉPOQUES.

ON l'accuse (l'Auteur) *d'être tombé en contradiction avec ce qu'il avoit écrit autrefois; d'avoir
fléchi dans ses sentimens; de s'être même rapproché
des révolutionnaires . . . . d'avoir fait entendre . . . .
que l'ancienne Constitution n'existoit dans aucun
dépôt—*Texte du Tableau de l'Europe.

Cet exposé n'est pas exact. 1°. L'Auteur ne
s'est pas contenté de faire entendre; il a parlé
décidemment , & ses expressions sont positives.
2°. L'Auteur ne s'est pas borné à nier que la
Constitution Politique de la France n'existoit dans
aucun dépôt. 3°. L'Auteur a nié l'existence de
la Loi Salique. Il a oublié cet article dans son
apologie.

Pour fair voir combien cette imputation (l'imputation de s'être contredit) *est mal fondée & injuste*

en

en tous points, nous allons répéter ici, mot pour mot, ce que ce ministre écrivit au Roi Louis XVI dans une lettre qui fut rendue publique au mois de Février 1789, par conséquent avant l'ouverture des Etats-Généraux, & lorsqu'il n'y avoit aucune apparence de Révolution—Texte du Tableau de l'Europe.

1°. Lorsque le feu Roi reçut une lettre où son ancien ministre adoptoit des opinions si contraires à celles qu'il avoit toujours professées, on imagine peut-être que ce Prince dut être fort surpris; il paroît cependant qu'il ne l'a point été.

2°. Si cette lettre avoit pour objet de donner au Roi Louis XVI, un conseil sage & utile, la lettre devoit rester secrète. Si elle étoit rendue publique, elle devenoit nuisible, puisqu'elle établissoit des principes anti-monarchiques; or, on n'attribuera point au feu Roi Louis XVI la publicité de cette lettre.

3°. Si l'Auteur avoit réfléchi sur la situation dans laquelle il se trouvoit à cette époque, non-seulement il n'eût pas faire imprimer cette lettre, mais il ne l'eût point écrite. En effet, à cette époque il étoit dans une situation qui étoit plus qu'une disgrace; le Roi lui avoit retiré les

marques

marques de ses ordres qu'ont conservé tous les
autres ministres disgraciés; lors de son renvoi du
ministère, on trouva ou on crut trouver dans les
régistres du Trésor-Royal, des preuves de dépenses
considérables faites sans approbation du Roi, ou
même à son insçu. L'Auteur écrivit au principal
ministre pour se plaindre de ces recherches & de
ces imputations, comme étant offensantes & injustes. Le ministre lui répondit. Sur la réponse,
l'Auteur jugea à-propos de sortir de France; jamais
l'Auteur n'est parvenu depuis à inspirer de lui au
Roi Louis XVI une opinion favorable. Dans de
telles circonstances, l'Auteur ne pouvoit-il pas
prévoir que peut-être le Roi imputeroit à vengeance, au désir de nuire, & à des sentimens que ne
se permet pas un homme d'honneur, des idées que
l'Auteur annonce ne devoir qu'à une étude de
quarante ans.

4°. Bien plus encore; vers cette époque du
mois de Février 1789, si l'on en croit les papiers
publics, l'Auteur a fait des démarches pour être
nommé député aux Etats-Généraux. D'après une
manière de penser délicate & noble, ne pouvoit-
il pas craindre que l'écrit auquel il donnoit une
publicité au moins inutile, ne parut être un mo-

yen

yen employé pour s'ouvrir la porte des Etats-Généraux, où l'admission n'étoit le plus communément obtenue que par la profession des principes
révolutionnaires?

Au reste, les erreurs de l'Auteur à cette époque
n'ont pas duré longtemps. Lorsque la composition
des Etats-Généraux a été terminée, lorsque l'Auteur
se disposoit à passer à la Cour de Turin où ces
nouveaux principes faux ou vrais n'eussent pas été
favorablement accueillis, l'Auteur a reconnu de
nouveau l'existence d'une Constitution Politique
en France, & lui a appliqué ce beau passage de
Ciceron: *Statuo esse optimè constitutam rempublicam, quæ ex tribus generibus illis, regali optimo &
populari confusa modicè.* Certes, c'est une excellente Constitution Politique, que celle qui réunit
le concours & la balance de trois pouvoirs: le
pouvoir d'un Roi, le pouvoir des plus considérables des citoyens, & le pouvoir populaire. Telle
est l'épigraphe de l'ouvrage, intitulé, *Etat de la
France, présent & à venir.* Dans ce même ouvrage, l'Auteur rappelle & célébre l'instruction
donnée par le bailliage de Crépy à son député aux
Etats-Généraux: " Respecter & chérir l'heureux
" accord

« accord des principes les mieux combinés, qui
« avoient rendu immuables les bases de cet Em-
« pire, le plus ancien & le plus redoutable de
« l'Europe, & s'attacher uniquement à en faire
« disparoître les imperfections, que le temps & la
« main des hommes qui laissent par-tout leur em-
« preinte, y ont amenées. » L'Auteur ajoute : *C'est entre ceux qui ont foulé aux pieds cette sage instruction nationale, & ceux qui en réclament l'accomplissement, que tout François doit aujourd'hui se décider.*

C'est ainsi qu'au mois d'Octobre 1790, l'Auteur a prononcé la condamnation de M. le Duc d'Orléans, député du baillage de Crépy, des sectateurs de ses principes, ou des imitateurs de sa conduite.

Si on recherche quelles ont été les opinions de l'Auteur depuis qu'elles ont pu avoir quelque célébrité, on trouve que pendant son ministère il a soutenu qu'il existoit une Constitution de l'Etat, & que même dans une assemblée solemnelle il a fondé sur cette Constitution des prétentions fiscales qui ont été rejettées comme exorbitantes ; fugitif de France dans un temps où ce titre n'étoit

pas

pas honorable, il a imprimé, lorsque la crise de
l'Etat a commencé, qu'il n'existoit point de Constitution Politique en France ; appellé à servir le
parti qui défendoit les droits du Trône & la
Constitution de l'Etat, il en a été le panégyriste ;
ayant cessé d'être employé parmi les défenseurs
de la Couronne, il revient à la censure des loix,
& nie l'existence de la Constitution de l'Etat. Je
n'ajouterai aucune réflexion à cet exposé.

SECTION

SECTION II.

LA LOI SALIQUE, EXISTE-T-ELLE? N'EST-ELLE QU'UNE LOI INSIGNIFIANTE?

LA Constitution de l'Etat est, répondit un premier président à Henry IV, au dos de la Loi Salique qui vous a mis sur le Trône. Cette réponse est fort adroite; mais le fait est qu'il n'y a rien ni dans la Loi Salique, ni sur son dos—Texte du Tableau de l'Europe.

Ce n'est qu'avec une véritable peine qu'on entend un ancien ministre du Roi parler avec une légèreté si peu décente d'une Loi qui fut pendant tant de siècles & qui doit être encore l'objet de l'amour & du respect des François; & dont si longtemps on a pu dire plus que d'aucune autre Loi, " qui fait la véritable institution de l'Etat, " qui prend tous les jours de nouvelles forces; qui, " lorsque les autres loix vieillissent 6u s'éteignent, " les ranime ou les supplée, & qui contient un " peuple dans l'esprit de son institution."

La

La conversation dans laquelle l'Auteur du *Tableau de l'Europe* cherche les bases du droit public de France, doit être rapportée. Le premier président de Harlay ayant fait quelques objections contre une décision de Henry IV, ce prince lui dit: "Où avez-vous trouvé cela, bon homme ?"... Et sur la réponse de M. de Harlay, Henry IV repartit : "Arnidieu ! j'ai mon fait." Certainement, quand le Roi, & M. de Harlay, gaussoient, pour me servir de l'expression du temps, ils n'imaginoient pas qu'une plaisanterie seroit prise un jour par un Ministre d'un Roi de France pour la base d'un systême politique. VOTRE MAJESTÉ verra dans la suite de ce Rapport, avec quelle dignité majestueuse s'exprimoit ce respectable magistrat, lorsque, dans les occasions solemnelles, il parloit des Loix.

Mais, quel sens doit-on attribuer aux expressions burlesques qu'a employées l'Auteur du *Tableau de l'Europe*, en parlant de la Loi Salique ? A-t-il entendu dire que cette Loi n'existe pas, ou qu'elle est insignifiante ? A-t-il prétendu renouveller les discussions qui se sont élevées entre les érudits sur l'objet originaire de cette Loi, & sur l'époque

de

de son introduction en France ? Je me garderai d'abuser de l'attention dont j'espère que VOTRE MAJESTÉ veut bien m'honorer, en discutant ici ces problêmes historiques aussi difficiles qu'inutiles à résoudre. Il me suffit d'établir que l'existence de cette Loi ne fut jamais incertaine ; & que, depuis nombre de siècles, l'application n'en peut être équivoque.

Le texte de cette Loi est généralement connu, & je ne le rapporte ici, qu'à cause de l'impression que peut faire l'allégation de son inexistence. *De terrâ verò Salicâ, in mulierem nulla portio hæreditatis transit.* Les Terres Saliques, suivant un des publicistes les plus renommés qu'ait connu notre siècle, étoit un genre de fief consistant en " des " terres enlevées aux peuples que les Franćs soumettoient, & que les Rois distribuoient à leurs " guerriers, pour en jouir sous la condition d'une " certaine redevance annuelle. Quoiqué héréd " taires ils ne passoient jamais aux femmes ; ils " mouvoient de la Couronne à laquelle ils retour " noient, lorsque la famille qui les possédoit venoit " à manquer de mâles (1)." Cette loi célébre en Europe est devenue une Loi Françoise par la ré-

daction

daction qu'en a faite Clovis en l'année 511. En 1316, la Nation a décidé, qu'en vertu de cette Loi, le Sceptre François ne pourroit passer que dans les mains d'un homme. En 1325 la Nation a encore décidé que le petit-fils d'un Roi qui se présentoit pour héritier de la Couronne du chef de sa mère, ne pouvoit avoir plus de droit que la femme qu'il représentoit ; & depuis ce temps, le droit exclusif de la masculinité à la Couronne de France a été confirmé par cinq siècles de possession sans con-tradiction & sans réclamation ; une telle Loi n'a ni une existence, ni un sens, ni une force pro-blématique, & elle est Loi fondamentale, ou il n'en existe aucune dans aucune partie de l'univers.

Si, après avoir jugé la vérité de l'assertion, je passe à l'examen des motifs qui ont pu déterminer à critiquer cette Loi, base de notre droit public François, j'y vois une attaque faite sans aucun objet d'utilité & faite dans un temps & dans des conjonctures où les Loix les plus solem-nelles paroissent frivoles, où les pactes natio-naux les plus authentiques ont perdu leur carac-tère sacré ; où le temps, ce grand législateur des nations, qui confirme ou détruit l'ouvrage des

autres

autres législateurs, est sans autorité ; & enfin, où
tous les axiomes politiques & religieux ont dégé-
néré en problêmes. Ici se présentent à moi, malgré moi, des idées que je veux écarter ; & je
supplie VOTRE MAJESTÉ, pour l'honneur de son
conseil, de ceux qui le composent, & de ceux qui
y ont eu séance, de croire que ce qui, d'après les
circonstances, les conjonctures, & les procédés,
paroîtroit vraisemblable sur tout autre objet, sur
celui-ci cesse de l'être, & même doit être jugé
impossible.

NOTE.

(1) *Histoire du Droit Public d'Allemagne.*

SECTION

SECTION III.

AVANT LA RÉVOLUTION DE 1789, EXISTOIT-IL EN FRANCE UNE CONSTITUTION POLITIQUE?

APRÈS *avoir cherché pendant quarante ans cette antique Constitution, le reposoir de cette arche sainte à laquelle il n'est pas permis de toucher, je n'ai rien trouvé, & ne sçais encore ni quand, ni où elle est fixée . . . . . Ceux qui sans pouvoir citer une seule ligne de cette ancienne Constitution croyent pieusement à son existence . . . . . Les points cardinaux de la Constitution, & les régles du gouvernement politique, les appuis de la liberté & les suretés de la propriété, l'ordre des assemblées nationales, leur formation & leurs droits, la promulgation des loix, & les fonctions des corps qui en sont dépositaires, les bases du pouvoir d'imposer, & celles de la faculté de représenter, l'hérédité même du Trône, & la disposition qui en exclud les femelles, appellée je ne sçais pourquoi, la Loi Salique,*

enfin

*enfin tout ce qui devroit former le corps des
maximes fondamentales de l'Etat, n'a de systéme
que dans une tradition qui, &c.*—Texte du Tableau
de l'Europe.

J'ai lû plusieurs fois ces divers passages du
Tableau de l'Europe dans la persuasion que mes
yeux me trompoient, & j'avoue que je ne reviens
point encore de ma surprise qu'on fasse un livre
pour faire confidence à l'Europe qu'on ne connoît que par tradition, c'est-à-dire, par des conversations, la Constitution d'un pays dans lequel on a
exercé les fonctions les plus importantes ; ou
qu'on présume assez de l'ignorance & de la confiance de ses lecteurs pour croire qu'on pourra
leur persuader qu'en France le droit national
n'étoit fondé sur aucune loi. Que sont donc
devenues tant d'ordonnances de nos Rois concertées avec les représentans de la nation ? tant d'archives où ces loix sont déposées, ne sont-elles
que des archives de mensonge ? tant de livres
qui les rapportent, sont-ils des ouvrages de faus-
saires ? tous nos historiens qui les citent, sont-
ils des complices de l'imposture ? Il est vrai que

les

les loix ne sont pas rassemblées dans un seul vo_
lume, & qu'il serait à désirer qu'elles formassent
un code où chaque citoyen pût, avec plus de
facilité, acquérir une notion de ses droits & des
limites de la puissance du Gouvernement; mais,
parce que les principes qui forment la Constitution de l'Etat sont épars dans divers volumes, &
qu'il faut étudier pour les connoître, est-ce un
motif suffisant pour en nier l'existence, ou en
proposer la subversion ?

Je vais produire ou plutôt extraire les monumens de notre droit public, dont la réalité est
contestée ; mais, afin de déterminer s'ils établis-
saient en France une Constitution Politique, il
est convenable de fixer le sens attribué à cette
dénomination. Il est généralement reconnu
qu'une Constitution Politique consiste dans des
loix fondamentales qui créent des pouvoirs & les
limitent, soumettent le citoyen à la loi, & non
à l'homme, &, en lui imposant des devoirs, lui
donnent des droits.

Les loix qui forment la Constitution d'un
Etat sont appellées fondamentales, parce qu'elles

posent

posent les fondemens de l'Etat; comme fondamentales elles ne peuvent être n'y créées, n'y
détruites sans le vœu de la nation.

Il en résulte qu'il existe cette différence entre
la Constitution de l'Etat, & le Gouvernement,
que l'une est la règle du pouvoir, & l'autre en est
l'usage; & conséquemment, quoique la Constitution de l'Etat ne soit pas exactement suivie, elle
n'en subsiste pas moins, car, l'infraction d'une loi
ne l'anéantit pas, & si c'est une vérité constante
pour les loix civiles, c'est une vérité plus démontrée encore pour les loix de l'Etat, parce que les
droits d'une nation sont imprescriptibles par le
Gouvernement.

Qu'une nation ait été privée pendant un ou
plusieurs siècles de l'exercice de ses droits, son
silence, son défaut de réclamation, l'oubli même
de ses droits, & tout ce qui n'est pas un consentement libre, n'altere point la Constitution.

L'existence ou l'infraction d'une Constitution
Politique ont des effets très-différens; car s'il
n'existe point de Constitution, la nation s'en donne
une sans être gênée dans son choix par aucune
institution ou convention précédente, au lieu que

si

si elle est seulement enfreinte, la voie naturelle-ment ouverte à la nation, est d'en demander le rétablissement ; & lorsqu'il est offert, il ne reste plus qu'à modifier cette Constitution dans les parties qui en sont susceptibles, mais les élémens n'en doivent pas être détruits.

C'est donc un tort ou une erreur de l'Auteur du *Tableau de l'Europe* de n'avoir pas observé cette distinction, & on peut se plaindre aussi de ce qu'il prétend que la France doit être réputée n'avoir eu dans aucun temps de Constitution Politique, parce qu'à diverses époques, elle a changé plusieurs de ses loix politiques. Ces modifications du régime constitutionnel forment le sort commun des Etats les plus sagement constitués ; la République Romaine n'a pas eu les même loix pendant un demi siècle. La création du tribunat, la solde des gens de guerre ; la variation dans la méthode de recueillir les suffrages, par curies, par centuries, & par tribut ; le jugement de divers genres d'affaire, soustrait ou renvoyé au peuple, & nombre d'autres institutions ont apportée de grands changemens dans la Constitution de cette République ; & pour citer dans les temps mo-dernes,

dernes, comme dans les temps anciens ce qui existe de plus distingué, le régime politique de l'Angleterre a sans cesse varié non-seulement par les loix fameuses dans l'histoire de cet Etat, l'introduction de la féodalité sous Guillaume, la Grande Charte, l'admission des Communes au Parlement, le Bill des Droits, mais encore par le nombre d'institutions beaucoup moins importantes qui cependant, par les restrictions mises à la Prérogative Royale, ont opéré des changemens réels dans la Constitution de l'Etat. Cette mobilité dans l'ordre secondaire des loix politiques, les loix élémentaires restantes immuables, loin d'être un défaut constitutionnel, est un moyen essentiel pour que l'organisation de l'Etat puisse se perfectionner d'après le progrès des lumières dans chaque siècle, & s'adapter aux variations qui surviennent dans l'étendue, les intérêts & les relations de l'Etat. D'après ces idées préliminaires, il s'agit de juger si avant mil sept cent quatre-vingt-neuf, il existoit en France une Constitution Politique.

Depuis que les François existent en corps de nation, ils ont toujours formé un Etat qui a dû

être

être gouverné par un Roi conformément à des loix. Dès l'origine de la Monarchie, la nation prononçoit sur les affaires les plus importantes, le Roi décidoit celles d'une moindre conséquence ; & le Roi & les grands de l'Etat concouroient à la formation des résolutions que prenoit le corps de la nation (1).

Cette Constitution nous a été transmise de la Germanie d'où sont venus nos premiers Rois, & dans les modifications qu'a reçu notre régime politique, ce caractère élémentaire a toujours été conservé.

Pendant plusieurs siècles, sous le nom de nation on n'entendoit qu'une partie de ceux qui la composoient. Cette injustice étoit universelle, la force a d'abord donné des loix, & l'équité est moderne. En France, dans toute l'Europe, sur toute la surface du globe, longtemps le grand nombre fut sous le joug du petit nombre, l'habitude de la dépendance abrutit l'opprimé, l'habitude de l'empire endurcit l'oppresseur, l'ignorance favorisa l'oppression, & la conquête parut la légitimer. En France ce n'est que depuis la 3me race de nos Rois que nos principes de législation

ont

ont été développés (2), & que la plûpart des institutions qui forment encore aujourd'hui notre
droit public, ont pris naissance ; aussi nos historiens fixent à cette époque " les temps des grandes
" polices."

Encore au commencement de cette troisième
dynastie, le régime féodal gouvernoit toute l'Europe ; & ce genre de régime est un de ceux qui a
fait éprouver à l'espece humaine un traitement
plus injuste, & plus malheureux (3). Parmi nous
la souveraineté s'étoit confondue avec la suze-
raineté ; le Royaume étoit gouverné comme un
grand fief, & le Roi avoit des vassaux plutôt que
des sujets (4) ; dans chaque province, dans chaque
canton, dans chaque village il existoit un despote,
& presque tous ces despotes étoient des tyrans.
Un Roi tira la nation de cette situation douleu-
reuse & avilissante ; Louis VI affranchit les serfs,
& réunit en corps de communes les habitants d'un
même lieu (5). Par cette émancipation, l'humanité
fut mise en possession de ses droits, la France acquit des citoyens, & le Roi des sujets.

Cependant Louis VI avoit donné un exemple
encore plus qu'une loi ; les Rois ordonnoient, la

foiblesse

foiblesse seule obéissoit, & des vassaux trop puissans, pour être soumis, ne reconnoissoient de loix
que celles émanées d'eux-mêmes. Mais Philippe
Auguste ayant réuni à la Couronne de grandes
provinces (6), cet accroissement de forces qui
n'ajoutoit rien à ses droits, rendit le titre de Roi
plus imposant, & ses ordres plus respectables, &
prépara à ses successeurs les moyens de rendre cet
affranchissement général dans le Royaume (7).

Saint Louis étendit la Prérogative Royale, en la
plaçant sur des bases qui sont les titres les plus
respectables de la puissance, sagesse, justice, utilité.
Législateur aussi politique qu'équitable il mina le
pouvoir féodal, en soumettant à une inspection &
à des entraves ceux des droits féodaux qui étoient
réputés justes, & en limitant ou supprimant ceux
qui étoient évidemment nuisibles (8). Un sentiment de vénération pour les vertus de ce prince,
& d'admiration pour ses vues législatives, se joig-
nant au respect dû à son titre, ses institutions ob-
tinrent une soumission jusqu'alors inconnue (9).

C'étoit un droit établi en France, que l'homme
libre ne pouvoit être grevé d'aucune taxe qu'avec
son agrément (10). Aussi paroît il que depuis
l'affranchisse-

l'affranchissement ordonnée par Louis VI, les anciens serfs qui avoient cessé de l'être, furent
admis à donner leurs suffrages dans plusieurs
affaires d'un intérêt général (11) ; mais ce n'étoit
encore qu'un usage mal assuré ; & il falloit que
le droit du citoyen François, authentiquement
reconnu, fut une loi fondamentale de l'Etat.

Ce grand acte de justice envers le peuple se
préparoit dans presque toute l'Europe ; on reconnut enfin, que quoique les citoyens dont les professions ont pour objet direct le service de la patrie
pussent prétendre à voter de préférence sur ses
intérêts ; nul citoyen ne devoit être exclu du droit
de suffrage sur les intérêts d'une société dont il
faisoit partie ; que tous supportant les charges de
l'Etat, tous devoient être entendus sur l'étendue
de ces charges. A la fin du treizième siècle, ou
au commencement du quatorzième, on voit dans
les Etats Européens les plus considérables par leur
étendue, leurs richesses, leurs lumières, tous les
ordres de citoyens prendre place dans les assemblées de leur nation. En France les Etats-Généraux sont établis, & le peuple y forme un troisième ordre (12). En Allemagne les villes pren-

F

nent

nent séance dans les Diètes de l'Empire (13). En Espagne elles font partie des Cortez (14). En Angleterre les Communes forment une des Chambres du Parlement (15). A cette époque seulement le citoyen fut en possession de ses droits, & quoique l'organisation de ces Etats eut encore besoin de grandes améliorations, d'autant que la législation politique, ainsi que les autres sciences, ne se perfectionne que par la méditation & par l'expérience, cette organisation, à cette époque, a pu être considérée comme régulière & juste.

Cette reconnoissance du droit qui appartient essentiellement à tout citoyen, est dans l'histoire de notre civilisation un des événemens les plus mémorables. C'est en législation ce que la découverte des deux Indes est dans le commerce, l'invention de la boussole dans la navigation, l'usage de la poudre à canon dans l'art militaire, en physique la découverte de l'attraction, & pour toutes les sciences l'usage de l'imprimerie ; c'est un de ces grand moteurs dont l'action est universelle dans l'ordre de choses auquel il appartient ; & de cette institution, de son maintien, de sa rectification, de l'usage qui en a été fait, a dependu la destinée

de

de chaque empire, & le degré de liberté dont a joui le citoyen.

Ainsi, l'affranchissement des serfs & l'admission du tiers ordre dans les assemblées de la nation, sont deux dispositions fondamentales de la Constitution de l'Etat de France ; par l'une, le François a acquis la liberté personnelle, & par l'autre la liberté civique ; & par une singularité honorable pour nos Rois, tandis que dans la plûpart des Etats le citoyen a acquis ses droits par la force & par la violence, en France ils ont été reconnus volontairement par les Rois ; l'augmentation de la Puissance Royale a été le prix de la justice rendue au peuple ; & le droit du Roi & le droit du peuple ont gagné l'un par l'autre.

A peine un demi siècle s'étoit écoulé depuis la formation des Etats-Généraux, lorsque ces assemblées ont développé les principes de notre droit national sur le point le plus important ; le droit d'imposer, de répartir, de lever les contributions, & d'en ordonner l'emploi ; sous la régence & le règne de Charles V la législation politique & financière furent combinées, ensorte que l'une fut la condition de l'autre, & qu'elles se cimentèrent

réciproque-

réciproquement (16). Sous Charles VII, le peuple, fatigué, ruiné, désolé, épuisé, par les troubles intérieurs, les pillages, les massacres, & les violences de tout genre qu'exerçoit une foule de petits tyrans, reconnut, que pour sortir de ces désastres, il devoit se réfugier vers le Trône ; il y trouva en effet un asyle, les tyrans disparurent, & il y eut un Roi. Heureuse la nation, heureux nos Rois, si alors de justes limites avoient été données aux droits de la Couronne ; mais des impôts ayant été établis à perpétuité, pour la solde de troupes toujours sur pied, les Rois cessèrent d'être dans la nécessité de se concerter avec la nation pour obtenir des subsides. Dès-lors le vœu national fut moins souvent consulté, & les moyens de gouvernement changèrent, la Constitution de l'Etat restant toujours la même.

Louis XI tantôt se passa des Etats, tantôt leur substitua des assemblées de Notables, qu'il composoit à son gré & auxquels il attribuoit les mêmes pouvoirs qu'aux Etats.

François Ier. osa ouvertement ce que Louis XI avoit dissimulé, & mit des impôts sans consulter les peuples.

Le

Le Chancelier de l'Hôpital crut qu'il étoit possible d'être juste au milieu des factions & du fanatisme. Il suspendit quelque temps les malheurs de la France, en donnant aux loix la force qu'elles doivent avoir quand elles sont le résultat d'un vœu national.

Henry III, sans mœurs & sans caractère, fut forcé par son inconduite d'assembler les Etats, qui lui refusèrent des secours que ne méritoit pas l'emploi qu'il en faisoit. Un fanatisme religieux ayant enflammé ces Etats, leurs délibérations devinrent dangereuses pour le Roi, qui, pour n'être pas leur victime, se crut obligé de faire assassiner un rebelle devenu trop puissant pour être jugé.

Plus d'un siècle & demi s'étoit passé sans que les Etats eussent été assemblés, & pendant tout ce temps, le gouvernement avoit cru pouvoir suppléer le vœu national par celui des cours de justice, & un enrégistrement judiciaire avoit paru transformé en une espèce de sanction de la volonté royale.

Les Etats de Blois ayant nommé les Parlémens *des Etats au petit peid,* une dénomination vague, ou même une comparaison, ou un compliment,

 furent

furent transformés dans quelques opinions en une espèce de titre ; comme si les Etats, par une simple épithête, avoient eu l'intention de transférer le droit le plus éminent qui puisse exister dans une nation ; comme si ces représentans de la nation avoient eu le droit de dépouiller leurs commettans, d'un droit inaliénable par sa nature même ; comme si des officiers du Roi pouvoient jamais représenter la nation par qui ils ne sont pas choisis ; comme si les Parlemens avoient pour tout le Royaume d'autres pouvoirs que ceux qu'ils exercent dans les provinces de pays d'Etat, où l'enrégistrement par les cours de justice, des loix de finance, n'est que la suite du consentement donné par les Etats, sauf la discussion des dispositions qui tiennent à des formes légales. Cependant le public peu instruit, mais désirant avoir contre les entreprises du Gouvernement une barrière qui doit exister dans tout genre de Constitution, étoit disposé à croire que quiconque le défendoit avoit droit de le défendre, tandis que par une imprudence inconcevable, le Gouvernement intéressé à accréditer l'opinion que le peuple n'étoit pas sans défenseur, s'efforçoit de la détruire ; & dans les

deux

deux derniers règnes on a vu plus d'une fois les Parlemens punis par le Gouvernement pour lui avoir rendu le service de lui résister.

Dans la déviation des principes dans laquelle on étoit engagé, c'est avec justice & régularité que les tribunaux ont refusé de donner à quelques loix le genre de sanction, qui pouvoit dépendre d'eux, & ont employé les moyens qui étoient entre leurs mains, soit pour s'opposer à l'infraction des loix de l'Etat, soit pour mettre des bornes à des dépenses dont devoit résulter la ruine des peuples, & l'ébranlement du Trône ; le droit qu'on pouvoit leur contester comme corps de magistrats, ils l'avoient comme corps de citoyens ; leur titre n'étoit pas la patente de leur office, ni une mission particulière ; leur titre étoit la situation de la nation non défendue par l'absence irrégulière du corps politique, ayant seul le droit de former un vœu national.

On ne peut voir qu'avec surprise & regret, que depuis 1302, jusqu'en 1789, dans l'espace de près de cinq siècles, il n'y ait eu que dix-huit assemblées d'Etats-Généraux, & seize assem-

blées

blées de Notables qui ne pouvoient les remplacer (17).

Cependant au milieu de toutes ces oscillations du pouvoir, & de cette variation dans les moyens employés par le gouvernement, les principes sont restés toujours les mêmes; les loix ont pu être enfreintes; jamais elles n'ont été révoquées; il n'existe pas une ordonnance de nos Rois qui en prononce l'abrogation; eux-mêmes ont reconnu qu'ils n'avoient pas le pouvoir de les annuller. Jamais la nation assemblée n'a consenti à changer son droit national; il n'est donc question que d'extraire les dispositions principales de cette Constitution, telle qu'elle existoit à l'époque où le corps représentatif de la nation a pris une forme régulière & juste, avec les modifications qu'a reçu depuis cette Constitution, par les seuls moyens par lesquels elle puisse en recevoir des loix émanées de la volonté du Roi, & du consentement de la nation.

Suivant ces loix, voici quel régime politique devoit exister, & de quel droit devoit jouir le citoyen.

Toute

(29)

Tout homme naissant sur le territoire de
France, naissoit libre, & même la seule introduction dans ce territoire, conféroit la liberté
personnelle (18).

La servitude féodale qui n'existoit plus que
dans une ou deux provinces, ne portoit point atteinte à la liberté de la personne, & se bornoit à
grever la propriété d'une charge.

Nul ne pouvoit être empêché de faire ce que
la loi ne défendoit pas. Nul ne pouvoit être con-
traint de faire ce que la loi n'ordonnoit pas ; &
la loi ne prohiboit que ce qui étoit contraire au
droit d'autrui, ne prescrivoit que ce qui étoit
utile au bien de tous. Nul ne pouvoit être jugé
que d'après les dispositions de la loi, & par des
juges établis conformément à ses dispositions.

Tous les François étoient égaux en droit, en
ce que tous étoient également protégés par la loi,
lorsqu'ils y étoient soumis, également punis par
elle quand ils y contrevenoient (19).

Tout François pouvoit parvenir aux premières
dignités de l'église, de l'épée & de la magistrature. Jamais les droits du génie & de la vertu

                    n'ont

n'ont été méconnus par les loix, (20) & il est nombre d'exemples du respect · rendu à ces titres.

Tout François étoit membre d'une commune, pouvoit en défendre les droits, & être défendu par elle ; en supportoit les charges, mais participoit à ses propriétés, & à ses droits.

Tout François pouvoit élire & être élu pour la députation aux Etats de sa province, sauf les exceptions résultantes de la Constitution particuliere à quelques Provinces établie par leur capitulation lors de la réunion à la France, & protégée par un attachement inspiré par le préjugé plus que par un intérêt réel.

Tout François, sauf ces mêmes exceptions, pouvoit élire & être élu pour la députation aux Etats-Généraux, & donner à son député une instruction à laquelle le député étoit obligé de se conformer.

Nulle puissance publique ne pouvoit être exercée en France, nul office ne pouvoit être tenu, nul bénéfice ne pouvoit être possédé que par un François ; s'il existoit des exceptions,

elles

elles ne devoient être qu'en petit nombre, personnelles, fondées sur la supériorité des talens
& accordées comme récompenses de services
rendus à l'Etat. Par ce moyen les exceptions
tournoient à l'avantage de l'Etat, & par conséquent du citoyen auquel étoit donné un con-
current.

Ainsi, dans l'ancienne Constitution de l'Etat,
tout citoyen François pouvant députer & être
député aux Etats-Généraux, &, comme il va être
incessamment observé, nulle loi, nul impôt ne
pouvant être établi sans le consentement des
Etats, il en résultoit que le citoyen François ne
devoit être obligé de se soumettre à aucune loi ni
à aucun impôt qu'il n'eut été consenti par lui
donnant son vœu par lui-même, ou par son
représentant, ce qui constitue essentiellement la
liberté politique.

Bien plus, dans le régime Monarchique, le
citoyen François avoit, suivant la loi, des droits
dont il est privé dans le régime Républicain.
Anciennement tout citoyen François pouvoit
élire & être élu, aujourd'hui un grand nombre
de citoyens François est privé de l'un & l'autre

                                        de

de ces droits. Anciennement les représentés donnoient à leur représentant une mission à laquelle il étoit obligé de se conformer ; aujourd'hui le représentant peut voter contre l'intention de ceux qui l'ont nommé. Je ne discute point si le régime nouveau est sur ce point préférable à l'ancien ; j'observe seulement qu'il confére au citoyen François un droit moins étendu, que celui dont il devoit jouir dans l'Etat Monarchique.

La nation étoit divisée en trois ordres ; le Clergé, la Noblesse, le Tiers-Etat ; ces divisions n'étoit point sans motif, & ne formoient point des castes exclusivement composées d'une partie de la nation (21).

L'existence des deux premiers ordres tenoit à des professions dont l'objet étoit l'utilité générale & le bien de l'Etat, le service des autels & la défense de la patrie. L'ecclésiastique & le noble doivent se vouer exclusivement au bien de l'Etat.

L'entrée dans ces deux premiers ordres étoit ouverte à tout François : on estimoit que près des quatorze-quinzièmes de l'Etat ecclésiastique

1

étoient

étoient tirés du tiers-ordre. Tout François pouvoit s'ennoblir par la profession des armes (22).
Ce moyen d'annoblissement étoit un droit national, les autres étoient des concessions du
Prince.

Les obligations imposées à ces deux premiers
ordres, observées dans la rigidité de leur institution originaire, étoient onéreuses. Le Clergé
étoit astreint à des mœurs plus austères que celles
du reste de la nation ; non seulement il devoit
être exempt des fautes que la fragilité humaine
semble rendre excusables, il devoit même s'interdire les plaisirs conciliables avec la moralité,
& se vouer à la retraite, à l'étude, à la propagation de la doctrine & de la morale sacrées, au
secours du pauvre & à toute œuvre charitable &
pie ; &, en maintenant les mœurs nationales par
ces exemples de vertus, rendre un grand service
à la patrie.

Non seulement la Noblesse s'acquéroit au
prix du sang, elle ne se conservoit encore qu'au
même prix. La Noblesse servoit en masse, tout
noble étoit obligé de se rendre sur la frontière.

pour

pour faire de son corps un rempart qui couvroit le reste des citoyens (23).

Le service de la Noblesse étoit gratuit, & la guerre ruinoit les nobles qu'elle ne faisoit pas périr.

Chacun des trois ordres avóit des privilèges analogues à l'objet de son institution. Le tiers-ordre livré à des professions dont l'intérêt personnel est le premier objet & dont l'intérêt général n'est que la conséquence, avoit le privilège exclusif de toutes les spéculations, fonctions & entreprises qui offroient les moyens pécuniaires ; & ces moyens de fortune étoient interdits aux deux premiers ordres. Le tiers-ordre a réclamé dans les Etats-Généraux ce privilège exclusif dont l'avantage n'est rien moins qu'indifférent (24).

Les services rendus à l'Etat par ces deux premiers ordres étoient payés par des prérogatives honorifiques & pécuniaires. Les principales distinctions honorifiques consistoient en un droit de préséance dans les assemblées publiques, un accès de préférence auprès du Monarque, quelques distinctions dans les vêtemens ou plutôt le droit de porter les vêtemens de sa profession, l'épée faisant

partie

partie de l'habillement d'un homme de guerre ; l'admission exclusive dans quelques ordres ou chapitres ; le droit de ne pouvoir être jugé par des jurisdictions inférieures, d'être jugé par un plus grand nombre de juges ou par des juges de son état ; enfin le droit du noble étoit de transmettre à ses enfans sa prérogative de noble, & en même temps par conséquent les charges qu'imposoit ce titre (25).

Les prérogatives pécuniaires du Clergé consistoient dans la possession de biens estimés former environ le sixième des revenus de la nation, dans des exemptions d'impôt, ou du moins dans une forme de contribution volontaire & opérant une charge moindre que celle des biens possédés par les autres ordres. Les privilèges pécuniaires des nobles consistoient dans l'exemption de quelques genres d'impôts, exemptions fort affoiblies par la méthode admise dans l'assiette de ces impôts ; & dans la possession exclusive des biens réputés honorifiques, possession cependant que pouvoit partager le non-noble au moyen d'un impôt. Au surplus, le résultat du privilège de la possession de ces biens honorifiques étoit souvent d'en déprécier

la

la propriété lors de la vente, en diminuant le nombre des acheteurs.

Ces avantages peu considérables en eux-mêmes, paroîtront encore moins devoir exciter l'indisposition publique, si on considère l'usage que l'ecclésiastique devoit faire de ses biens suivant les loix (26) ; & l'indemnité que le noble avoit droit de répéter de l'Etat. Plusieurs fois ces prérogatives avoient passé sous les yeux des Etats (27) ; & soit préjugé, soit justice, les Etats les avoient sanctionnés. Cependant ils étoient toujours susceptibles de modifications suivant les besoins publics. Dans les derniers temps, les principaux membres de ces ordres devançant les demandes du corps de la nation, avoient offert le sacrifice de leurs exemptions d'impôt ; & il m'est moins permis qu'à personne, d'oublier que le premier auteur de cette offre généreuse est un Prince, qui par un tel procédé devoit acquérir les plus grands droits sur la reconnoissance du peuple François, & qui par cette raison même est devenu odieux aux guides perfides de ce peuple. Mais l'excès d'une telle injustice a malgré eux rendu encore

plus

plus illustre & plus cher aux gens de bien l'auguste objet de leur haine politique.

Si on observe avec attention l'ancienne organisation de la France, elle paroît un composé de divers corps d'Etat incorporés les uns dans les autres; dépendans & subordonnés sous certains rapports & indépendans sous d'autres, & tous homogènes comme corps délibérans & surveillans leur intérêt. C'est le spectacle qu'offroient en France les Communes, les Etats-Provinciaux, les Etats-Généraux.

Tout le Royaume étoit divisé en 44 mille Communes. Toutes avoient droit de s'assembler & de délibérer sur leurs intérêts ; elles avoient leurs chefs, & avoient droit de les élire (28) ; elles avoient l'administration de leurs revenus ; elles pouvoient avec l'approbation du Roi, lever des contributions sur leurs citoyens, quelques-unes avoient un droit de jurisdiction dans tout leur territoire, & dans le régime politique de la France entroient des nuances de gouvernement municipal (29).

Il étoit une province, où chaque Commune jouissoit encore du droit anciennement plus

H

général,

général, d'asseoir, de répartir, & de lever à son
gré les impôts, pourvu qu'elle fournit la somme
pour laquelle elle étoit comprise dans l'imposition
générale ; ainsi chacune de ses Communes, sous
cette acception, pouvoit être considérée comme
un Etat faisant partie d'un plus grand Etat.

Toutes les provinces du Royaume étoient pays
d'Etats, quelques-unes étoient en possession de
cette Constitution, toutes y avoient droit. Les
provinces de l'intérieur, anciennement réunies à
la Couronne, n'avoient point conservé l'usage de
leurs Etats, en avoient perdu jusqu'au souvenir (30) ; mais le droit ignoré ou négligé n'en
subsistoit pas moins. La tenue des Etats de quelques provinces avoit été suspendue depuis un peu
plus d'un siècle ; mais, quelque fut dans le temps
le motif qui autorisât cette suspension, le temps
depuis lequel elle duroit, devoit en avoir amené
le terme, il ne pouvoit y avoir de doute que par
rapport aux provinces réunies à l'Etat par la
force des armes sans capitulation ; mais la question avoit été décidée en dernier lieu par le feu
Roi, qui vouloit que toute province eut des
Etats, ce droit étant réputé faire partie du droit
national,

national, & nécessairement inhérent à tout pays ayant la qualité de membre de l'Empire Fran-çois.

Toutes les provinces qui avoient conservé leurs Etats, avoient à-peu-près les mêmes droits; mais la forme de les exercer étoit très-différente. A la vérité nul de ces Etats ne pouvoit tenir des assemblées qu'avec la permission du Roi, qui en fixoit le jour & le lieu; mais la périodicité de ces assemblées n'étoit pas la même, la tenue de quelques-unes étoit annuelle ; pour d'autres fixée à deux ans, pour d'autres à trois. Ces Etats avoient encore une forme de représentation diffé-rente ; dans quelques-uns, les députés aux Etats étoient élus ; dans d'autres, l'assistance aux Etats tenoit à certaines dignités, offices, titres, ou pro-priétés ; dans d'autres, tous les membres de l'ordre de la Noblesse avoient droit d'assistance aux Etats (31) ; les suffrages étoient comptés par ordre (32).

Sous ces diverses formes l'objet étoit le même. La province délibéroit sur les demandes du Roi, & accordoit les impôts nécessaires à l'Etat, &

ces

ces impôts étoient abonnés, & levés, par les Etats (33).

Les impositions & les droits établis généralement pour le Royaume n'étoit perceptibles dans la province qu'avec le consentement des Etats.

Les Etats pouvoient lever sur leurs citoyens, avec l'approbation du Roi, des contributions pour les dépenses particulièrement utiles à la province.

Avec cette même autorisation, ils empruntoient, & même prêtoient leur crédit à l'Etat.

Ils transigeoient avec le Gouvernement pour le rachat des impôts, ou d'autres établissements onéreux.

Ils refusoient d'admettre les loix générales données sur le droit privé, quand les loix étoient contraires à leurs institutions particulières (34).

Ainsi chaque province de pays d'Etat avoit un régime & des intérêts particuliers, &, dans la liberté générale, trouvoit encore la liberté particulière de n'admettre que ce qui étoit analogue à ses droits, à ses mœurs, à ses usages.

Ce que les Communes étoient à chaque citoyen, & les Etats-Provinciaux aux Communes, les Etats-

Généraux

Généraux l'étoient aux Provinces. Cette assemblée étoit la représentation de toute la nation, le dépôt de tous les droits du citoyen, le défenseur de tous les intérêts ; depuis que les non-nobles y étoient admis les citoyens de toutes les classes étoient représentés (35).

Des formes prescrites pour la tenue de ces assemblées, quelques-unes pouvoient être considérées comme justes, d'autres comme vicieuses, d'autres comme insuffisantes. L'assemblée des Etats n'étoit fixe ni pour lieu, ni pour le temps ; la nécessité des affaires décidoit seule de la convocation de ces assemblées.

Le Roi avoit le droit de les convoquer, & de les dissoudre. Le Roi ou les Etats avoient, en divers temps, jugé de la validité de la députation aux Etats (36).

Les députés devoient avoir une mission précise de leurs commettans ; ils ne pouvoient s'en écarter & s'ils n'y étoient pas fidèles, ils étoient sujets au désavœu (37).

La réunion du vœu des trois ordres étoit nécessaire pour former le vœu national (38).

Les

Les Etats-Généraux ne pouvoient rien statuer par eux-mêmes, mais aucune loi d'ordre public ne pouvoit être donnée sans leur participation, & ils avoient inspection sur toutes les parties du Gouvernement ; tout ce qu'ils jugeoient ou irrégulier, ou injuste, ou nuisible, pouvoit être l'objet de leur censure, présentée sous le titre modéré & respectueux de plaintes & doléances ; mais en même temps le droit qu'ils avoient de consentir aux loix & aux impôts, donnoit un grand poids à leurs demandes.

Que ce consentement des représentans de la nation fut nécessaire pour la confection de toute loi de l'Etat, c'est une vérité élémentaire, & constante du droit public François. On en trouve d'abord la preuve dans la formule ancienne de nos loix qui attestent le consentement de la nation, ou du moins l'expression du concours des représentans de la nation qui existoient alors (39). Un de nos Rois ayant formé un code de droit national annonce que telles sont les loix que les François ont jugé à-propos de reconnoître, & que les fidèles ont juré d'observer en tous temps ; &

cette

cette mention du consentement national se trouve encore dans les loix données à la fin du 16me siècle, lorsqu'elles portent le titre & le caractère de loix fondamentales (40).

Il est essentiel de distinguer les loix qui intéressent la totalité de la nation, & statuent sur ses droits, & les loix qui ne réglent que des intérêts partiels, ou des intérêts généraux, mais d'un intérêt secondaire. C'est de la nation elle-même, parlant par l'organe de ses représentans ; c'est des magistrats les plus éclairés ; c'est de tous les publicistes que je tiens cette distinction ; ce sont les Etats qui ont dit : " Il y a différence entre les loix du Roi & les loix du Royaume ; d'autant que celles-ci ne peuvent être faites, changées, ni innovées qu'en générale assemblée de tout le Royaume avec le commun accord des gens des trois Etats & de ceux qui peuvent avoir voix en y celles." Le 1er président de Harlay (41) dit au Roi dans un Lit de Justice tenu en 1586 : " Nous avons deux sortes de loix ; les unes sont les ordonnances du Royaume qui sont inviolables, & par lesquelles vous êtes monté sur le Trône, & cette

Couronne

Couronne a été conservée par vos prédécesseurs jusqu'à vous."

Bodin, auteur supérieur à son siècle, & l'oracle des Etats-Généraux de Blois, soutient, ainsi que tous les publicistes François, que sur l'ordre public de France rien ne peut être établi, rien ne peut être innové que par le concours du Roi & de la Nation.

Un autre publiciste nous trace la méthode qui doit être suivie pour la confection de justes loix politiques. Le Roi après avoir reçu les cahiers ordonne loix, qui sont dites loix faites par le Roi tenant ses Etats ; loix stables & permanentes, & qui par cette raison sont irrévocables, si non qu'elles soient changées en pareille cérémonie & convocation d'Etats.

Aussi les grandes ordonnances de nos Rois qui statuent sur l'ordre public, la religion, la constitu- tion des Etats-Généraux, les droits respectifs des ordres, & les droits de chacun d'eux, les finances, & le domaine qui autrefois étoit l'objet principal des finances, ont été données après des assemblées de la nation, & conformément à leur vœu (42).

Quelquefois

Quelquefois nos Rois se sont permis de donner des loix politiques sans le concours de la nation ; mais jamais ils ne se sont attribués en principe le droit qu'ils s'arrogeoient par le fait. Ces entreprises irrégulières de la Puissance Royale n'ont eu lieu que hors la présence des Etats-Généraux, & même le défaut de la tenue de ces assemblées, a été le motif, ou le prétexte de ces entreprises.

Aussi, le feu Roi, même dans ses projets de bienfaisance, n'a pas cru devoir se permettre de faire de sa seule autorité le bonheur de la nation, quand, pour l'opérer, un changement dans le droit national étoit nécessaire ; & au lieu de statuer par voie législative, il s'est contenté de proposer aux représentans de la nation les dispositions qui devoient former une loi de l'Etat.

Les Etats-Généraux en fait de finances avoient le même droit, qu'en fait de législation. Comme nulle loi sur l'ordre public ne pouvoit être donnée sans leur consentement, sans ce consentement nul impôt ne pouvoit être établi ; ce droit national, dit un de nos publicistes, est " fondé sur " la naturelle franchise de France." Ce principe paroît avoir été respecté par les premiers Rois de la troisième race (43); & ce n'est qu'après un assez longtemps qu'il y a été porté quelque atteinte.

Un Roi que l'église compte au nombre de ses Saints, & la France au nombre de ses plus grands hommes, & de ses plus grands Rois, dans son testament, monument authentique de nos principes de législation, défend au Roi son fils & son successeur de rien imposer sur ses sujets contre leur gré,

Philippe IV, fondateur des Etats-Généraux, déclare qu'il ne tient les impôts qu'il leve, que de la pure grâce des peuples (44). Louis X, son fils ayant fait percevoir une contribution sans le consentement de la nation, lui donne la déclaration qu'elle demandoit, que cette levée d'argent est irrégulière, & que semblable entreprise n'aura plus lieu à l'avenir, & que cet exemple ne lui conféré aucun droit d'en exiger de semblables par la suite (45).

Charles V, Régent, déclare, pour le Roi son père, & pour lui ainsi que pour tous ses successeurs, que l'aide qu'il obtient de la nation est un pur don. (46).

Le même Roi ayant pour les besoins urgens de l'Etat établi quelques impôts sans le concours des Etats,

Etats, les supprime & reconnoit le droit de la Nation (47). Un conseiller d'Etat célébre d'un Roi plus scrupuleux dans sa dévotion que dans l'exercice de ses droits, observe que nul Prince au monde n'a moins que le Roi de France motif d'user de violence pour obtenir des impôts ; d'autant " qu'il a des sujets si bons & si loyaux qui " ne lui réfusent chose qu'il leur sache demander." Les Etats de 1483, en faisant une concession au Roi, réclament les libertés de l'Etat, exigent qu'à l'avenir nulle levée d'impôt n'ait lieu sans leur consentement & que le passé soit réparé (48).

Le même droit qu'avoient les Etats de refuser les impôts, les autorisoient aussi à réfuser les emprunts qui nécessitent les impôts ; & dans un temps où les aliénations de domaine étoient la voie adoptée pour les emprunts, les Etats refusèrent à Henry III d'aliéner les domaines pour une somme de 400 mille livres.

Comment ce droit national, qu'il ne soit créé aucun impôt, sans le consentement de la nation, droit consacré par tant de loix, constamment réclamé par la nation, constamment reconnu par nos Rois, a-t-il pu être si constamment enfreint ?

par

par les mêmes voies par lesquelles l'ordre établi pour les loix de l'Etat a été interverti ; les Etats étant assemblés, jamais impôt n'a été créé sans leur consentement ; en leur absence, d'abord les impôts ont eu lieu, attendu l'urgence des affaires, & jusqu'à ce qu'il eut été possible de convoquer les Etats ; ensuite les circonstances ont encore autorisé à d'autres créations d'impôt sans en fixer la cessation à la convocation des Etats, mais en reconnoissant que c'étoit une irrégularité, & qu'elle ne tireroit pas à conséquence ; puis ces réserves ont disparu, & il a seulement été déclaré que l'impôt étoit exigible par provision ; enfin le mot même de provision a été supprimé, & l'établissement de l'impôt sans consentement de la nation est devenu une voie ordinaire. C'est ainsi que, soit en législation, soit en finance, la politique ministérielle a attribué à la Couronne l'usage d'un droit que les Rois même quand ils se sont expliqués sur ce principe ont avoué ne leur pas appartenir, & toujours le défaut d'assemblée de la nation a nécessité, ou pallié l'infraction du droit national, toujours subsistant & toujours reconnu au milieu de ces désordres.

Je

(49)

Je mets ici dans tout leur jour & l'existence, &
l'infraction de la loi ; &, en m'expliquant avec
cette vérité, je suis également & mon sentiment
personnel, & les voyes tracées par Votre Majesté dans son Manifeste.

Si l'assemblée de la nation est une partie essen-
tielle de la Constitution de l'Etat de France, un
Monarque en est la base fondamentale ; & il ne
peut cesser d'exister un seul moment sans péril
pour le corps politique (49), d'autant que le Monarque en France est tout à la fois partie inté-
grante de la législation, & principe unique de l'action que doit avoir l'Etat.

Si les François doivent obéissance à leur Roi ;
leur Roi doit soumission aux loix ; & le premier
acte authentique de la Royauté est le serment
d'observer les loix ; ensorte qu'outre le pacte général qui lie les peuples aux Rois & les Rois aux
peuples, à chaque renouvellement de règne, il
existe encore un pacte confirmatif ; & la Divinité
prise à témoin de ces engagemens en est le garant.
Aussi, dès le moment de l'avénement de Votre
Majesté au Trône, empêchée par la violence des
factions, de prêter ce serment au pied des autels
& en présence de la nation, elle a, par son Mani-

feste,

feste, contracté au nom de l'honneur l'obligation d'observer la Constitution de l'Etat, seules loix que Votre Majesté put & dut reconnoître.

La Couronne est indivisible, transmissible héréditairement à la race régnante de mâle en mâle par ordre de primogéniture, à l'exclusion perpétuelle des femmes & de leurs descendants.

Le Roi est majeur à treize ans & un jour. Nulle loi précise ne statue sur le droit à la régence, ni sur le genre de pouvoir auquel il appartient de la conférer ou d'en juger; mais il est décidé que le régent n'exerce de puissance qu'au nom du Roi.

Les biens personnels du Roi sont à son avénement au Trône, réunis irrévocablement au domaine de la Couronne.

Les biens que le Roi acquiert sont aussi réunis à ce domaine, à moins que le Roi ne déclare, dans un certain délai, les posséder à titre particulier, & patrimonial.

Le Roi ne doit faire aucun usage de la Puissance Royale sans consulter son conseil, il peut le composer & le changer à son gré, adopter ou rejetter son avis, mais cet avis doit être pris, & mention doit en être fait dans les actes authentiques de sa volonté ; c'est pour la nation un garant de la sagesse de la décision, ou du moins d'un examen préalable.

Le Roi seul est législateur (50), non que le Roi puisse de sa seule autorité donner des loix qui réglent les destinées de l'Etat ; je viens de démontrer la nécessité du concours de la nation ; mais la loi ne peut exister que par le Roi (51), & le Roi a toujours exercé ce pouvoir législatif en présence de la nation assemblée & de son aveu, & nul que lui ne l'a exercé.

Ainsi, sur cet objet, trois points fixent le droit national ; le Roi seul peut donner la loi ; il ne peut la donner sans le consentement de la nation ; il ne peut être forcé à la donner.

Le Roi & le corps représentatif de la nation sont les deux élémens de l'Etat de France. Par leur concours nulle loi qui ne puisse être donnée ou révoquée, nulle prérogative qui ne puisse être concédée ou supprimée.

La finance est l'objet sur lequel la puissance doit être le plus réglée & circonscrite :

Dans les temps anciens les domaines de la Cou-ronne devoient suffire à toutes les dépenses de
l'Etat ;

l'Etat ; mais la plus grande partie des domaines ayant été aliénée, l'Etat ayant été obligé de payer des services qui anciennement étoient rendus gratuitement ; les moyens d'argent étant devenus les plus grands moyens de puissance ; les besoins de l'Etat ayant fait contracter des dettes ; l'impôt est devenu nécessaire. Cependant ce moyen est subsidiaire & extraordinaire dans son essence, quoiqu'ordinaire par l'usage.

Le domaine de la Couronne est inaliénable ; & même autrefois l'engagement n'en étoit permis que pour des causes extraordinaires, & dans les crises de l'Etat.

De même que le Roi ne peut donner aucune loi politique sans le consentement de ses sujets, & que la loi ne peut exister que par lui, de même aussi, le Roi ne peut créer des impôts sans le même consentement ; mais nulle contribution ne peut être levée sans son autorisation (52).

Nos loix sur la finance ont mis des obstacles à la propagation des impôts ; mais elles ne paroissent pas avoir porté plus loin leurs vues ; elles n'ont point déterminé sur quel genre de valeur doit porter de préférence l'impôt, quelle doit

être

être la proportion à suivre dans la répartition de l'impôt entre les provinces du Royaume, & entre les subdivisions de ces provinces; quel doit être l'emploi des produits de l'impôt. Elles n'ont point posé de barrières entre la dépense personnelle du Roi, & la dépense de l'Etat, l'acquit des charges de l'Etat, & l'acquit de ses dettes, ni sur aucun principe de l'emploi des fonds publics; & dans toute cette partie on peut observer une lacune dans nos loix, & une imperfection dans la Constitution de l'Etat.

Les loix sur la comptabilité étoient précises & fortifiées par un grand nombre de formalités ; mais leur effet se réduisoit à assurer la conformité de la dépense exécutée, à la dépense ordonnée.

Après les loix élémentaires qui fixent le droit général de la nation, & les loix de finance qui déterminent ses charges, viennent les loix secondaires, qui ne sont que les conséquences & le développement des loix fondamentales, & qui ayant un caractère plus réglémentaire que législatif, tiennent à la puissance exécutive autant qu'à la puissance constitutive, &, comme telles, peuvent émaner directement du Roi. Votre Majesté

K   a vu

à vu que les Etats-Généraux, dans leurs délibérations, établissent cette distinction entre ces deux
sortes de loix, dont ils nomment les unes loix du
Roi, & les autres loix de l'Etat, & ils ne réclament que pour ces dernieres le concours à leur
confection. Comme ces deux classes de loix,
très-différentes par l'importance de leur objet,
& par le degré de puissance nécessaire pour leur
donner l'existence, sont les mêmes dans leur
forme extérieure, il n'est pas sans vraisemblance
que par la confusion de ces deux sortes de loix,
nos Rois seuls ayent statué sur des points de
droit public, sur lesquels rien ne pouvoit être
ordonné que du consentement de la nation.

Le pouvoir du Roi sur la fixation des droits du
citoyen envers le citoyen, ce qui constitue le
droit privé, est plus étendu que sur la fixation
des rapports du citoyen envers l'Etat, ce qui forme
le droit public ; & cette étendue de la Puissance
Royale non-seulement ne peut-être nuisible, parce que, sur cette matière, les Rois n'ont aucun intérêt d'abuser ; mais même elle est très-désirable
pour l'Etat, parce qu'il est reconnu, même par les

plus

plus zélés republicains, que sur tous les objets sur lesquels les abus du Gouvernement Monarchique ne sont pas à craindre, ce genre de gouvernement est plus propre que les autres à perfectionner promptement les institutions, soit parce qu'il n'est point retenu par des intérêts particuliers, soit parce que le conseil d'un Roi composé d'un petit nombre d'hommes éclairés a moins de préjugés, des vues plus grandes, & plus justes qu'une grande assemblée. L'existence du droit du Roi de donner de sa seule autorité & sans concours, les loix qui forment le droit privé, est attestée par un auteur que j'ai déjà cité, & dont le suffrage est ici d'autant plus considérable, que dans les Etats de Blois, il fut le contradicteur le plus redoutable des prétentions de la Couronne (54). C'est relativement aux loix ou secondaires, ou du droit privé, que les enrégistremens des Cours de Justice ont & doivent avoir une grande force, d'autant que la législation dans cette partie n'a pas d'autre contrepoids ; & d'ailleurs, les juges étant chargés de l'exécution de ces loix, ont les plus grandes lumières sur leur utilité & sur leurs dangers, aussi le plus souvent ce genre de loix étoit concerté avec eux.

K 2

Le

Le pouvoir exécutif est essentiellement &
uniquement entre les mains du Roi ; & ce pouvoir a deux objets, l'intérieur de l'Etat & l'extérieur ; dans l'intérieur, il se subdivise en pouvoir
judiciaire, & en pouvoir administratif. Le pouvoir judiciaire s'exerce au nom du Roi. Les
jugemens rendus par les Cours de Justice sont in-
titulés de son nom & scellés de son sceau (54) ;
les mandemens de justice sont faits en son nom.
Quoique la justice se rende au nom du Roi, il ne
peut juger par lui-même. L'état des tribunaux
est fixé, & ne peut être supprimé. Les juges
doivent être institués en titre d'office. Ce titre
est irrévocable (55), & cette irrévocabilité n'est
pas une prérogative des officiers de justice ; mais
de la nation qui, dans cette irrévocabilité, trouve
un garant de la liberté (56).

L'ordre des jurisdictions ne peut être interverti
(57) ; il est défendu aux juges d'obtempérer aux
ordres du Roi contraires aux loix (58).

Le Roi peut casser un jugement contraire aux
loix ; mais il ne peut le remplacer par un autre
jugement ; il faut qu'il renvoye à un autre tribunal (59).

Nulle

Nulle contrainte de la volonté du citoyen ne peut avoir lieu qu'en vertu d'un jugement rendu conformément aux loix, & par juge compétent & exécuté par officiers ministériels de justice.

Tout usage de puissance extrajudiciaire avoit été reconnu par nos Rois être illégitime.

. Une loi même, donnée de concert avec les Etats, ordonnoit que l'exécution des ordres du Roi ne seroit pas un titre suffisant pour soustraire aux poursuites des tribunaux & aux peines encourues par l'infracteur de la loi (60).

Dans la partie gracieuse de la justice civile & criminelle le Roi exerce par lui-même sa puissance ; mais sa bonté est contenue dans des limites. Plusieurs délits ne sont point susceptibles de grâce, & la nature du délit étant sujette à vérification, la grâce même est jugée ; la dispense de la loi ne peut avoir lieu que pour des motifs qui soient conformes à l'esprit de la loi ; ensorte que la grâce même a un caractère de justice (61).

La surveillance des intérêts généraux de l'Etat, le choix, la direction, & l'emploi des moyens nécessaires au salut de la patrie, sont entre les mains

mains du Roi ; & quoique cette partie de puissance ne puisse être assujettie à des règles précises,
elle est encore circonscrite par des loix (62). Et
nos Rois maîtres absolus du choix des places &
des moyens, dès qu'il en résulte contrainte de la
volonté ou gêne du droit de propriété, sont obligés
de donner à leurs ordres un caractère légal & judiciaire.

Le Roi transmet l'exercice de sa puissance par
la collation d'un office ou d'une commission (63).
Sur le fait de la justice, la puissance doit être
conférée par un office qui est un titre irrévocable.
En administration il est régulier & expédient que
la puissance soit déléguée par une commission,
titre révocable.

Le Roi nomme aux offices, places, & dignités,
même aux dignités ecclésiastiques (64) ; mais il
ne peut y nommer que des personnes ayant l'âge
& les qualités prescrites pour les remplir suivant
les loix que les Rois même ont donné, ou suivant
des loix données de concert avec les Etats, &
par conséquent qu'il ne dépend pas des Rois de
révoquer.

Le

Le Roi crée des offices, mais il n'en peut créer qui dépouillent un titulaire de ses fonctions. Le Roi peut donner des survivances ; mais il n'en peut donner sans le consentement du titulaire.

Nul corps politique ne peut être créé, nulle ag-grégation ne peut se former, que par autorisation du Roi ; & ces corps ne peuvent ni acquérir, ni vendre, ni emprunter, que par sa permission.

Le Roi règle les mesures que doit admettre le commerce ; la monnoie est frappée à son coin, & c'est lui qui en fixe le titre, le poids, & la valeur.

Le Roi donne les ordres nécessaires pour la sureté, la santé, la subsistance, l'instruction publique, & pour tous les besoins du corps politique.

Le pouvoir exécutif en fait de finance a trois objets ; répartition de l'impôt, recouvrement de l'impôt, emploi des produits. La concession & l'assiette de l'impôt appartiennent au pouvoir législatif.

On connoissoit en France quatre principaux genres d'impôt ; 1°. l'impôt sur les personnes, tel que la capitation ; 2°. l'impôt sur les fonds, tel que la taille, le vingtième ; les dons gratuits des

corps pouvoient être mis dans cette classe ;
3°. l'impôt sur les valeurs mobiliaires nommées
droits, ce qui composoit les gabelles, aides, oc-
trois, & on peut encore ranger dans cette classe
les postes & messageries, la monnoie, &c. ; 4°. des
taxes sur les translations de propriété, les conventions, les actes de procédure, les concessions de
droits, les offices, les maîtrises.

Le taux des droits étoit établi par un tarif an-
nexé au titre de leur création, & faisoit partie
de la concession de l'impôt & de son assiette ; &
les droits se percevoient d'après le tarif, suivant
les objets à raison de la consommation, ou de la
vente, ou de la fabrique, ou de l'entrée, ou de la
sortie. Il en étoit de même des taxes sur les acquisitions de propriété, &c.

L'impôt personnel par la rectification qui avoit
été faite de sa répartition tenoit de la nature de
l'impôt réel, en ce que la capitation étoit proportionnée au revenu, ou constaté, ou présumé, d'après
les titres des capitables ; & pour le plus grand nombre des contribuables, elle étoit devenue un impôt
additional d'un impôt réel, la répartition devoit

en

en être faite par un commissaire du Roi & des
députés des contribuables (65).

Le Roi dans son conseil répartissoit les impositions territoriales entre les provinces, & même
entre les subdivisions principales des provinces;
entre les subdivisions plus détaillées, la répartition
étoit faite par les commissaires du Roi, jusqu'à ce
que la subdivision parvint à un corps politique qui,
offrant une solidarité, permit de lui confier la répartition de l'impôt sans en comprometre le produit. C'est par cette raison que la répartition de
la taille se faisoit par les communautés, & que la
taxe individuelle des vingtièmes étoit fixée par un
commissaire du Roi.

Si on se reporte au temps où le droit national
étoit dans toute sa vigueur d'après les principes
admis par les Etats-Généraux, la répartition des
impôts territoriaux devoit avoir lieu dans chaque
province par des députés choisis dans la province
& nommés élus. Ce droit avoit été conservé dans
les pays d'Etats sous divers titres.

Suivant ces mêmes principes, la partie conten-
tieuse de l'impôt, la question de savoir si l'imposition individuelle étoit excessive, ou si le droit

étoit

étoit dû sur tel genre de valeur, ou si telle contrainte ou telle saisie étoit juste, devoit être soumise aux tribunaux ; & le droit du fisc envers un contribuable devoit être jugé comme le droit d'un particulier contre un autre (66).

Les loix, comme il a déjà été observé, ne présentoient point d'emploi déterminé du produit de plusieurs impôts, ou n'avoient pris que des précautions insuffisantes pour l'exécution de l'emploi prescrit, & le gouvernement pouvoit arbitrairement décider de l'emploi des fonds, avancer ou retarder le payement de chaque genre de dépense.

La puissance à l'extérieur étoit exclusivement, & sans réserve entre les mains du Roi.

Le Roi régloit les intérêts de la nation avec les Puissances Etrangères, contractoit des alliances, régloit les avantages que l'étranger devoit trouver en France, &, par réciprocité, exigeoit des avantages pour le François dans le pays étranger, donnoit des instructions aux ministres diplomatiques, les nommoit, & les révoquoit ; lui seul décidoit de la paix & de la guerre.

Le Roi ordonnoit du montant & de l'emploi de la force publique ; il pouvoit lever des gens de guerre,

(63)

guerre, & le nombre n'en étoit limité que par les moyens de les entretenir.

L'organisation des armées, leur direction dépendoient du Roi ; mais les gens de guerre ne pouvoient être employés dans l'intérieur que pour s'opposer aux troubles & à la violence, & soutenir l'exécution des mandats de justice.

L'analise de notre droit national, que je viens de mettre sous les yeux de Votre Majesté, donne la preuve la plus irrésistible, qu'avant la Révolution de 1789, il existoit en France des loix fondamentales, loix ayant essentiellement ce caractère, puisqu'elles étoient fondées sur le vœu de la nation, & ne pouvoient être révoquées que par ce même vœu. On trouve dans les dispositions de ces loix la division des pouvoirs, & leur limitation ; l'intérêt public suivi dans l'extension ou la restriction de ces pouvoirs, & les moyens de remédier aux imperfections, ou aux vices de la loi établie par les loix même ; cette organisation sociale existoit en France dès le quatorzième siècle ; dans un temps où nulle nation Européenne n'en avoit une plus sage ; & jamais elle n'a été abrogée.

L 2

Au

Au reste, il n'est point question quand à présent de juger quel étoit le degré de bonté & de
sagesse de nos institutions, & si elles étoient tout
ce qu'elles pouvoient & devoient être, puisqu'il
est possible de les perfectionner sans les enfrein-
dre. Il est superflu aussi d'examiner quelles ont
été les infractions de nos loix, puisqu'il ne s'agit
point de s'occuper de ce qui est irrémédiable,
mais de pourvoir à l'avenir, (67) & qu'il est des
moyens certains d'en assurer l'observation. Cette
observation supposée, certainement nos loix en
imposant au citoyen des devoirs lui donnent des
droits, conséquemment établissent la liberté &
forment une Constitution politique.

S'il existoit une Constitution de l'Etat de France
avant la Révolution, elle existe encore aujourd'hui
quand même le vœu de la nation lui seroit contraire, & quand même ce vœu seroit aussi général
que le prétendent les républicains, quand il seroit
tel qu'il n'a jamais été, & tel qu'il ne sera jamais.
Je sais qu'une telle opinion contredit formelle-
ment des publicistes, dont l'autorité est imposante,
mais je ne crois pas cette opinion moins vraie ; &
je tiens même qu'il est possible d'en démontrer la

vérité

vérité d'après des principes reconnus par la démocratie Françoise. Suivant ces principes, une nation ne contracte point avec son Roi ; essentiellement maîtresse d'elle-même, elle conserve toujours ses droits, qui sont inaliénables, elle peut
dans tous les temps choisir, révoquer, reprendre,
ou changer de nouveau son régime. Un Roi
n'est qu'un mandataire qui n'ayant rien donné à
la nation n'en peut rien exiger, & peut être destitué à volonté ; je n'ignore pas aussi ce qu'on a
répondu, ou ce qu'on peut répondre ; que puisque le Roi & la nation se prêtent réciproquement
serment, l'obligation est réciproque ; que dans un
pays, où il a été reconnu que le bien de l'Etat
exige que les magistrats soient irrévocables, il est
plus essentiel encore que le premier des magistrats
ait ce caractère ; que si la nation avoit le droit de
changer la Constitution de l'Etat, sans que l'accroissement ou la diminution de l'empire appellât
& nécessitât ce changement, un tel droit seroit
funeste à la nation, parce qu'il pourroit porter les
Rois à fortifier leur puissance, par des moyens de
violence ou de corruption, & leur donneroit des
intérêts indépendans de ceux de la nation, ou

même

même contraires; que les troubles, les intrigues, les violences que feroient naître les intérêts dépendans d'un grand événement, introduiroient dans la société tous les maux, dont la préservation est l'objet principal de l'état social ; Enfin, que quand même ce droit seroit admissible chez la plûpart des peuples, l'usage en devroit être interdit à un peuple avide de nouveautés, presque toujours prévenu contre le régime dans lequel il vit, & en faveur de celui qu'il n'a pas. Quelques convainquans que soient ces raisonnemens, ce n'est point sur eux que je me fonde ; je considere cette question sous un nouvel aspect ; & pour juger ce qui peut autoriser à renverser un trône je ne consulte point le droit des Rois, mais le droit des citoyens ; & je ne me propose point de plaider ici la cause de VOTRE MAJESTÉ, mais la mienne.

Né dans une Monarchie, je me suis soumis à ses loix ; j'ai donc droit de les réclamer ; mon titre, c'est cette soumission même. Quand il seroit vrai qu'une nation ne contracte pas avec son Roi, au moins par le pacte social le citoyen contracte avec le citoyen : ainsi dans la supposition même qu'un vœu unanime de la nation peut chan-

ger

ger la Constitution, quand cette unanimité n'existe pas, la Constitution doit subsister. En effet, c'est une vérité universellement reconnue, que la pluralité des suffrages ne commande à la minorité qu'en vertu du pacte social, & pour son exécution ; cet ascendant est nécessaire dans l'association politique, parce que lors de l'opposition des volontés, la pluralité est le seul signe auquel on puisse reconnoître la volonté générale. Mais, lors de la dissolution de la société, & pour l'effet de cette dissolution, & de la substitution d'un nouveau régime, la pluralité des volontés ne subjugue point la minorité, chaque citoyen peut réclamer pour la conservation du pacte social l'engagement qui a été contracté envers lui. Le pacte est-il dissous, chaque membre de l'Etat rentre dans son indépendance originaire, & naturelle.

Si une simple pluralité de suffrages suffisoit pour changer l'existence d'un Etat, tant que la loi n'en auroit pas ordonné autrement, un suffrage de plus produiroit une révolution ; mais aussi la mort de deux citoyens, ou deux citoyens acquérant l'âge auquel il est permis de voter opéréroient une contre-révolution. Ainsi la Constitution de

l'Etat

l'État ne seroit jamais stable, & le résultat d'un changement perpétuel de Constitution seroit de n'en avoir aucune.

De plus, dans tout Etat où la conservation de l'ancienne Constitution, & où la substitution d'une nouvelle dépendroient de l'assentiment du plus grand nombre des citoyens, il ne pourroit jamais exister qu'une démocratie, d'autant que le plus grand nombre trouve toujours son avantage dans cette égalité ; mais la propriété étant aussi soumise à cette pluralité de suffrages supposée constitutive de toute loi, les propriétés seroient sans cesse remises à l'égalité, & ainsi tout motif de travail & d'industrie seroit supprimé, & les bases de la propriété, par conséquent de la société, seroient détruites.

Les auteurs qui ont attribué à la pluralité des suffrages ce droit de destruction des empires n'ont point répondu à ces objections, & ne les ont pas même discuté ; cependant ils sont du moins convenus, que si une des provinces de l'Empire qui change sa Constitution, veut la conserver, elle en a le droit ; mais si une province a ce droit, il lui est commun avec une ville, un village, une famille,

mille, un individu ; car ce droit ne procéde pas
de la force nécessaire pour le faire valoir ; mais
de l'indépendance du vœu individuel, toutes les
fois qu'il n'est pas subordonné à la pluralité par
un concordat. Aussi les mêmes auteurs reconnoissent que nul citoyen de l'ancien Etat ne peut
être forcé de faire partie du nouveau ; mais, dans
le cas de refus de se soumettre à la nouvelle domination, ils n'accordent à ce citoyen que le droit de
vendre ses biens & de sortir de l'Etat, justice bien
imparfaite ; car, pourquoi obliger celui qui use
d'un droit que lui confére l'Etat social à vendre
ses biens, ce qui ne peut avoir lieu dans la cir-
constance d'une Révolution qu'avec une très-
grande perte ; & sur quel fondement lui infliger
une peine qui est le châtiment des grands crimes,
le bannissement. Pour être conséquent & juste,
il falloit avouer que chaque citoyen, qui se refuse
à l'adoption du nouveau régime doit obtenir le
même traitement qu'une collection de citoyens,
qu'il doit lui être permis de rester dans sa maison,
de conserver & cultiver sa propriété, & qu'il ne
doit éprouver aucun dommage, tant qu'il n'en
fait point éprouver au nouvel Etat dans l'enceinte

duquel

duquel il se trouve placé ; que s'il attaque son régime, ou les membres du nouvel Etat, dans leurs personnes ou dans leurs propriétés, il ne peut être puni comme citoyen, mais il doit être poursuivi comme ennemi. Ses biens ne peuvent être grevés des charges du nouvel Etat ; mais aussi cet Etat n'est point obligé de le garantir des violences qu'il peut éprouver de la part de l'étranger, & il doit être privé des avantages attaches à l'état de société. En un mot, tout individu, toute famille, village, ville, ou contrée, démembrée du grand Empire, doit avoir le sort & le traitement dont jouissent les petits Etats au milieu des grands ; telle est la justice exacte, évidente, nécessaire ; il faut la reconnoître ou renoncer à toute idée d'équité, & revenir au droit de la force, c'est-à-dire, à l'abrogation de tout droit.

Que si cette insertion de petits Etats au milieu des grands, & de ce mélange de nations inégales en force, mais indépendantes, il peut résulter des désordres & des obstacles à la tranquillité de l'ordre général, il devient indispensable de reconnoître dans chaque citoyen le droit d'exiger de ses concitoyens, non le maintien des institutions

qui

qui sont une conséquence du pacte social, mais le maintien des institutions élémentaires qui sont les parties intégrantes du pacte social. Autant le droit de véto est funeste dans les matières de Gouvernement, autant il est salutaire, quand il s'applique à la Constitution. Le Gouvernement, par sa nature, étant actif, le véto détruit cette action ; la Constitution, par sa nature, étant stable, le véto est analogue à son essence.

De cette vérité, il s'ensuit nécessairement que la réclamation d'un grand nombre de François, quelque inférieur que puisse être ce nombre à celui des républicains, a suffi pour maintenir l'ancienne Constitution, & rendre la nouvelle une infraction du pacte social. Sans doute, on ne peut espérer que la démonstration évidente de cette usurpation arrêtera les chefs du nouvel Etat ; mais tous les républicains qui croyent à l'existence d'un Etre Suprême, qui punit le crime, doivent penser qu'ils n'échapperont pas à sa justice ; &, dans tous les temps, tout citoyen, qui, pour quelque motif que ce soit, s'élevera contre la nouvelle république, sera le défenseur d'une cause juste, & le restaurateur des loix.

M 2

L'existence

L'existence de ces loix de l'Etat fondamentales
& indestructibles étant démontrée, comment est-
il possible que ces règles sacrées de nos devoirs,
ces bases de notre bonheur, quand elles seront
respectées, soient méconnues & attaquées par un
homme qui jouit d'une grande réputation d'esprit,
& qui a rempli des places qui ne lui laissent pas
l'excuse de l'ignorance ?   Comment quarante
années employées à l'étude de la Constitution de
l'Etat ne lui ont-elles pas fait découvrir & reconnoître ce qui est consigné dans tant de livres, &
que nul magistrat, nul ministre, ne doit ignorer,
& dont la contradiction est interdite à tout bon
François ?   Comment s'est-il permis d'assurer
qu'on ne savoit ni où ni quand existoit la Constitution de l'Etat ; qu'en y croyant pieusement on
ne pourroit en citer une seule ligne, & que nos
loix fondamentales n'existoient que par la tradition ?   Comment n'a-t-il pas senti quelque répugnance à professer une opinion si contraire aux
faits, & dont la croyance devient un grand
obstacle au rétablissement de l'ordre public en
France ? Enfin, comment n'a-t-il pas craint d'en-
courir l'anathême prononcé par VOTRE MAJESTÉ,

dans

dans son Manifeste, contre les sectateurs de cet
athéisme politique : " Ne croyez point ces
" hommes avides & ambitieux qui, pour envahir
" à la fois & vos fortunes & la toute puissance,
" vous ont dit que la France n'avoit point de
" Constitution, ou que la Constitution du moins
" vous livroit au despotisme."

NOTES.

NOTES.

(1) De minoribus rebus principes consultant, de majoribus ommes; ita tamen ut ea quoque quorum penès plebem arbitrium est, apud principes pertractentur.

(2) Charlemagne a été un grand législateur; mais il a gouverné un peuple barbare avec des loix barbares, nécessaires peut-être pour ce temps; & ses institutions sont étrangères à nos mœurs actuelles.

(3) Les principes de ce droit étoient entre le vilain & son seigneur; il n'y a que Dieu. Dans plusieurs seigneuries, le vilain étoit taillable à volonté.

(4) Vérité reconnue de tous les historiens; ils observent que cet affoiblissement de la puissance royale venoit de l'anarchie qu'avoit introduit le Gouvernement insensé des derniers Rois de la seconde race.

(5) En 1135. Il y avoit eu auparavant quelques actes d'affranchissement & de création de communes; mais c'est la premiere loi générale. Les serfs en France, ne pouvoient être comparés aux esclaves domestiques. Cet asservissement féodal tenoit à la concession des terres; la condition de cette concession étoit une dépendance personnelle; mais les serfs, en payant au seigneur la rétribution convenue, avoient un droit de propriété.

(6) Philippe-Auguste réunit à la Couronne, l'Auvergne, le Poitou, l'Anjou, le Maine, la Touraine, la Normandie, l'Artois, &c.

(7) L'affranchissement ne fut complet & n'eut lieu dans toute l'étendue du Royaume, que par une loi donnée en 1318, où Philippe V. déclare que la nature a fait tous les

hommes

hommes libres ; & que son Royaume étant appellé le Royaume des Francs, il vouloit qu'il le fût en réalité comme
de nom ; qu'en conséquence, il ordonnoit que les affranchissements eussent lieu dans toute l'étendue de son Royaume,
à des conditions justes & modérées. On voit avec regret
qu'on ait vendu en France un droit de la nature ; on peut
voir avec plus de surprise encore, qu'il n'existe point en
Angleterre de loi précise & générale sur l'affranchissement,
& qu'il y a eu encore lieu à des affranchissements par Henry
VIII. & Elisabeth.

(8) St. Louis défendit les guerres privées pendant un
certain temps ; ainsi il commença à établir la paix intérieure ; il établit les assurements, espèce d'engagement qu'un
seigneur prenoit envers un autre, de ne faire aucune entreprise contre lui ; ainsi furent prévenues les violences. Il
facilita les appels des justices seigneuriales, & ainsi réprima
les injustices judiciaires. Il borna le cours de la monnoie
des seigneurs à leur seigneurie ; ainsi il rendit minutieux
& illusoire un droit qu'il n'étoit pas en son pouvoir d'annuller, & qui, dans ces temps, étoit un des plus grands produits du fisc.

(9) Les établissements de St. Louis furent généralement
adoptés dans le Royaume, quoique depuis les derniers temps
de la seconde race, les seigneurs ne voulussent point reconnoître les réglements donnés par le Roi.

(10) Ce principe étoit une des causes de la tenue des
champs de Mars & de May.

(11) On en trouve les traces dans une ordonnance de St,
Gilles de 1254.

(12) En 1302, le tiers-ordre fut introduit solemnellement,
& pour toujours dans les assemblées de la nation.

(13) En

(13) En 1342, on vit les villes prendre séance dans les diètes de l'empire.

(14) En 1350, dix-huit villes avoient entrée aux Cortez de Castille ; & dès 1118, elles avoient ce droit en Arragon.

(15) Les communes furent introduites dans le Parlement d'Angleterre en 1264 ; mais elles n'y eurent une place légale & fixe que sous le règne d'Edouard I.

(16) Etablissement des aides, &c.

(17) Etats-Généraux tenus en France. 1302, 1303, Philippe IV. 1330, Philippe de Valois. 1350, 55, 57, 58, 59, Jean. 1369, Charles V. 1382, 1420, Charles VI. 1468, Louis XI. 1483, Charles VIII. 1506, Louis XII. 1560, Charles IX. (Les Etats de 1561 à Pontoise, ne furent qu'une suite de ceux d'Orléans 1560.) 1576, 1588, Henry III. 1614, Louis XIII.—18 Etats-Généraux seulement dans l'espace de près de cinq siècles.

Assemblées de Notables. 1316, 1317, Philippe le Long. 1328, Philippe de Valois. 1380, 1413, Charles VI. 1465, 1470, Louis XI. 1526, 1527, François I. 1558, Henry II, 1566, Charles IX. 1496, Henry IV. 1617, 1626, Louis XIII. 1787, 1788, Louis XVI. Seize assemblées de Notables. Il y en a eu quelques autres encore, mais peu nombreuses & peu importantes.

(18) " La liberté de cette noble Monarchie est si grande, " que même son air la communique à ceux qui le respirent ; " & la majesté de nos Rois est si auguste, qu'elle refuse de " commander à des hommes s'ils ne sont libres." (Histoire de France.) Il n'existoit d'exception que pour les nègres des colonies Françoises ; & ces exceptions étoient particulières & bornées par le temps de la résidence en France.

(19) La

(19) La différence de la forme du supplice n'est pas importante, & d'ailleurs n'existoit pas dans la punition des grands crimes.

(20) " La constitution du royaume de France est si excel-
" lente, qu'elle n'a jamais exclu & n'exclura jamais les ci-
" toyens nés dans le plus bas étage, des dignités les plus re-
" levées." (Réponse au livre Franco Gallia.) Quelques charges de chevalerie exigeoient des preuves ; il en avoit été exigé pour quelques corporations par des concordats, & même pendant quelques années du règne de Louis XVI pour la vocation au grade d'officier sans passer par des grades inférieurs ; mais ces réglemens n'étoient point des loix de l'Etat & y étoient évidemment contraires.

(21) Les deux premiers ordres, en comptant tous les individus qui les composoient l'un & l'autre, ne formoient pas le centième de la population de la France.

(22) L'acquisition de la noblesse par la possession des fiefs, a été supprimée par l'ordonnance de 1559, donnée conformément au vœu des Etats de Blois. L'acquisition de la noblesse par la possession des armes a été supprimée par l'édit de 1600 ; cette loi n'est point une loi de l'Etat, & même est une loi de circonstances : depuis les guerres civiles de France, presque tous les François avoient été en armes ; ainsi le nombre des nobles eut été trop grand. En 1750, cette origine de la noblesse a été rétablie, mais limitée à certains grades militaires.

(23) Dans le temps où la noblesse étoit appelée à servir en masse, proportion gardée du nombre des nobles & des non-nobles, communément dans les batailles, la noblesse perdoit au moins dix fois autant que le tiers ordre. Les inconvénients qu'on a trouvé au service du ban & de l'arrière-ban, ont empêché de le convoquer depuis 1674. La charge

de ce service n'existe pas moins suivant les loix de l'Etat, &
il est des moyens de le rendre utile.

(24) La permission accordée aux nobles de faire le commerce en gros, n'est point fondée sur une loi de l'Etat. Les intérêts que les ecclésiastiques ou nobles ont dans des affaires de finances, sont des contraventions aux loix de l'Etat & des usurpations des droits du tiers-état.

(25) Quoique le respect pour la profession ne soit pas absolument lié avec le respect pour la personne qui l'exerce, d'après les mœurs & la manière de voir des hommes & particulièrement des François, il est difficile que la Divinité soit respectée si les ministres ne le sont pas. Quant à la noblesse, l'utilité de son existence doit paroître démontrée pour la France. Dans une nation militaire, il est d'une grande utilité d'avoir une classe de citoyens exclusivement vouée à la profession des armes, qui reçoive en naissant pour première leçon, l'amour de la gloire & le mépris de la mort ; chez qui la honte soit le plus grand des supplices ; qui soit punie de toute lâcheté suivant la loi par la dégradation de son état ; & suivant les mœurs par un bannissement de sa famille & de tout son ordre. Dans une nation chez laquelle la désertion est plus fréquente que chez toute autre, il est utile d'attacher par des honneurs à la patrie, ensorte que la solde étrangère ne puisse être un dédommagement. Les honneurs sont un genre de monnoie qui vient au secours du trésor public, & paye même ce que la monnoie métallique ne peut payer. Les honneurs électrisent l'ame bien plus fortement que l'argent ; & dans une profession dont l'objet est le sacrifice de la vie, il a dû paroître indispensable d'établir une survivance de récompenses, & que l'enfant dont le berceau est teint du sang de son père, héritât de ses distinctions à la charge de les racheter de nouveau au même prix.

(26) Suivant

(26) Suivant les anciens canons de l'église, les biens ecclésiastiques d'un diocèse étoient en commun ; un quart appartenoit à l'évêque ; un quart au clergé ; un quart étoit destiné aux frais du culte, par conséquent à la construction & à
l'entretien des églises ; & un quart étoit le pain des pauvres.
Si l'évêque avoit des biens de patrimoine suffisans pour subsister, il ne devoit point prendre son quart. Nul prêtre ne
devoit être ordonné qu'il n'y eut un titre à lui conférer, qui
donnât charge d'ames ; & la fonction ecclésiastique donnoit
seule droit aux bienfaits de l'église. Si le secours du pauvre
est un devoir pour tout Chrétien, c'est une dette de rigueur
pour l'ecclésiastique, son nécessaire prélevé. Les premiers
Etats de Blois voulurent ramener les ecclésiastiques à l'unité
de bénéfices; ils reconnurent la justice de cette décision, de-
mandèrent seulement la conservation de ceux qui étoient
pourvus ; & par ce délai, la décision fut oubliée.

(27) Discours du Chancelier aux Etats de Blois 1596 :
" Qui voudra contre-peser les charges de la noblesse à raison
" desquelles ces prérogatives & franchises ont été octroyées,
" il jugera qu'elle ne les a gratuitement, étant sujette de
" prendre & porter les armes pour la tuition & défense du
" royaume & du Roi ; abandonner leurs femmes, enfans &
" maisons pour aller aux frontières, & faire de leurs corps
" comme un rempart à tout un païs ; accompagner le Roi à
" toutes ses expéditions ; employer & la vie & les biens pour
" le service du Roi, pour le bien public & repos universel."

(28) Par les réglemens modernes, nos Rois s'étoient attribués dans la plus grande partie du royaume, le droit de nommer aux offices municipaux, & avoient vendu ces offices ;
mais ces dispositions n'étoient point autorisées par les loix
de l'Etat.

(29) Quelques grandes communes avoient le privilège de
conférer la noblesse à leurs chefs ; d'autres donnoient à leurs

bourgeois

bourgeois des prérogatives qui les assimiloient à la Noblesse par des exceptions de taille pour une certaine quantité de terre ; d'autres leur conféroient des exemptions d'impôt qu'on ne pouvoit obtenir à aucun autre titre ; & les plus grands personnages de l'Etat, même les Princes du Sang Royal, pour jouir de ces exceptions, prenoient ce titre qui, sous ce rapport, les mettoit au niveau du dernier des citoyens. C'étoit comme bourgeois de Paris, que Monsieur le Duc d'Orléans, premier Prince du Sang, jouissoit de l'exemption des droits d'entrée sur les denrées de son cru.

(30) Singulièrement les provinces réunies par Philippe-Auguste, au domaine de la couronne.

(31) La Noblesse aux Etats de Bretagne n'étoit point représentée, & chaque noble avoit droit d'assister aux Etats. Aux Etats de Bourgogne, la Noblesse étoit représentée par les Gentilshommes ayant seigneurie & fief. En Artois, il falloit des preuves de 100 ans. En Languedoc, la Noblesse étoit représentée par un Comte, un Vicomte & 21 Barons. .

(32) Il y avoit un usage particulier en Languedoc.

(33) Dans quelques provinces de pays d'états, la capitation étoit abonnée ; dans d'autres, elle étoit répartie par les Etats ; dans d'autres, par le commissaire du Roi, de concert avec les Etats ; & sur plusieurs genres d'impôt, il existoit des différences semblables.

(34) Plusieurs pays d'états ont réclamé contre des loix qui régloient diverses parties du droit privé dans le reste du Royaume ; & dans ces provinces, ces loix n'ont point été admises. L'édit des hypothèques en est une des dernières preuves.

(35) Si on estime que la représentation aux Etats-Généraux doit être à raison des têtes, certainement la représen-

tation

tation admise & la manière de compter les suffrages n'étoient pas dans une juste proportion ; si la représentation devoit avoir lieu à raison de l'intérêt à l'objet sur lequel portoient principalement les délibérations, c'est-à-dire, à raison des impositions, comme le vœu sur les impôts est à raison des propriétés, l'ordre de représentation admis n'est peut-être pas fort différent de ce qu'exige cette règle de proportion ; d'autant que, dans le régime ancien, toute la richesse était dans les mains de la Noblesse, & la richesse même étoit un moyen pour acquérir la Noblesse. Si par la suite, l'impôt étoit principalement réparti sur la richesse, à la décharge de la pauvreté, ou même de la médiocrité de la fortune, l'ordre de représentation établi seroit encore moins susceptible de critique.

(36) Etats de 1588.

(37) Dans les lettres de convocation pour les Etats de 1316, le Roi mande aux communes : " Ayez à nommer des " députés qui apportent avec eux suffisant pouvoir de vous, " par quoi ce qui serait fait avec eux & les autres bonnes " villes, soit ferme & stable pour le profit commun." Aux Etats de 1382, les députés déclarent qu'ils ne pouvoient qu'écouter les propositions que le Roi leur faisoit, & qu'ils n'avoient droit de rien consentir ; en conséquence, après en avoir conféré avec leurs commettans, ils se rassemblèrent & refusèrent les demandes du Roi ; quelques-uns des députés ayant pris sur eux de consentir, furent désavoués.

(38) Etats de 1355. Ordonnance de 1560 sur les matières de finances.

(39) Placuit nobis & fidelibus nostris.

(40) Henry III. dans ses lettres-patentes du 18 Octobre 1588, données sur le fait de la religion : " Nous . . . . . . de
" l'avis

" l'avis & consentement de nos trois Etats assemblés & con-
" voqués par notre commandement en notre ville de Blois,
" avons statué & ordonné, statuons & ordonnons, & nous plaît,
" par ces présentes signées de notre main, que notre dit Edit
" d'Union ci-attaché, sous le contre-scel de notre chancellerie,
" soit & demeure à jamais loi fondamentale de ce Royaume."

(41) Ce premier président que l'auteur du *Tableau de
l'Europe* ne cite que comme un plaisant, était un des magistrats les plus vertueux. Homme intrépide, serviteur fidèle
de son Roi outragé & fugitif, il dit au Duc de Guise, maître
de Paris : " Certes, c'est grand pitié quand le valet chasse le
" maître. Au reste, mon ame est à Dieu ; mon cœur est à
" mon Roi ; mon corps est entre les mains des méchans, qu'on
" en fasse ce qu'on voudra."

(42) Le Chancelier de l'Hôpital qui connoissoit, respec-
toit, aimoit les loix, a opposé leur force aux orages de son
temps, & a fondé les principales loix qui immortalisent son
administration, sur un vœu national pris dans ces Etats, ou
dans de simples assemblées de Notables, suivant l'importance
des objets, & la difficulté des circonstances. L'histoire nous
a transmis les détails de la méthode suivie pour la confection
d'une de ces ordonnances ; les voix de tous les membres de
l'assemblée furent prises sur chaque article de l'ordonnance,
comme s'il eût été question d'un jugement.

(43) " Durant le règne de Hugues Capet & de ses suc-
" cesseurs Rois, a été aussi maintenue l'honnêteté & ancienne
" liberté du peuple, en ce qu'il n'étoit loisible au Roi d'im-
" poser aides, tailles & subsides, outre les anciens devoirs
" domaniaux; sans le consentement & accordance dudit
" peuple." (*Coquille.*)

(44) " Faisons savoir & reconnoissons que la der-
" niere subvention que les peuples nous ont faite, ils nous
" l'ont

" l'ont faite de pure grâce, sans qu'ils fussent tenus qu'en
" grâce."

(45) Ordonnnace de Mai, 1315. " A la requête des
" Nobles & des autres gens de notre Royaume, disons icelle
" subvention être levée non duement. . . . . Voulons encore
" que, pour cause de ladite subvention levée, nul nouveau
" droit ne nous soit acquis pour le tems à venir, & nul pré-
" judice aux gens de notre Royaume."

(46) Ordonnance pendant la prison du Roi Jean.

(47) " Et voulons & ordonnons par les susdites lettres, que
" desdits aydes & subsides de chacun d'iceux nosdits sujets
" soient & demeurent francs & quittes & exempts d'orénavant
" à toujours, comme ils étoient par avant le temps de notre
" dit prédécesseur le Roi Phillippe le Bel; & avec ce, avons
" octroyé & octroyons par ces présentes à nosdits sujets, que
" chose qu'ils ayent payée à cause des dessus dites aydes,
" ne leur tourne à aucun préjudice, ni à leurs successeurs ;
" ni qu'il puisse en être trait à aucune conséquence au temps
" avenir." 16 Novembre 1380.

(48) " Qu'ils n'entendent point que d'orénavant on mette
" sus, aucune somme, deniers, sans les appeller ; & que ce
" soit de leur vouloir & consentement & garantie; & obser-
" vant les libertés & privileges du royaume; & que les nou-
" velles grièves & mauvaises introductions qui par cy-devant
" puis certain temps en ont été faites, soient réparées."
(Etats de Tours.)

(49) C'est un principe reçu en France, que le Roi ne
meurt pas; l'être individuel change; l'être politique est
toujours le même : depuis que sous la troisieme race, nos
institutions ont pris plus de consistance & de régularité, il n'a
point existé d'inter-regne. A la mort de Philippe le Long,
la Couronne resta en suspens pendant la grossesse de la Reine

fa· veure ; mais ce genre de suspension, loin d'être une infraction de la vocation continue à la Couronne, en est une preuve.

(50) *Ce que veut le Roi, ci veut la Loi.* Cet adage établit que la loi est le vouloir du Roi, mais non que tout vouloir du Roi soit la loi ; cette dernière interprétation n'a jamais été donnée à cet adage dans aucun tribunal.

(51) Lex fit consensu populi & Constistutione Regis.

(52) Ces loix ont déjà été exposées en décrivant les droits des Communes & des Etats Provinciaux ou Généraux ; il est nécessaire de les rappeller ici, parce qu'elles constituent & circonscrivent la puissance Royale.

(53) " Quant aux loix qui concernent l'état du Royaume,
" d'autant qu'elles sont annexées à la Couronne, le Prince n'y
" peut déroger, comme est la loi Salique ; quant aux coutumes
" générales & particulières qui ne concernent point l'établis-
" sement du Royaume, on n'a pas accoutumé d'y rien changer,
" sinon après avoir assemblé les trois Etats en chaque
" bailliage en particulier, le Roi pouvant faire le contraire
" de ce qu'on demande, si la raison naturelle & la justice
" de son vouloir lui assurent. Ainsi, ce qu'il plait au Roi de
" consentir ou dissentir, commander ou défendre est tenu
" pour loi, édit, ordonnance ; & c'est à tort que plusieurs
" dans leurs écrits ont prétendu que les Etats du peuple sont
" plus grands que le Roi." *(Bodin.)*

(54) Il est des jurisdictions ecclésiastiques & seigneuriales ; mais tous les jugemens souverains en matière temporelle, sont rendus au nom du Roi.

(55) Louis XI. fit cette célèbre ordonnance du 21 Octobre 1467, qui porte que considérant qu'en ses Officiers consiste sous son autorité la direction des faits par laquelle est policée & entretenue la chose publique du Royaume, & que d'icelui

ils

ils sont ministres essentiels comme membres du corps dont il est le chef, il vouloit leur ôter tout le doute qu'ils avoient de choir en l'inconvénient de mutation & destitution, & désiroit pourvoir à leur sûreté ; & partant, il ordonnoit que désormais il ne seroit donné aucun office s'il n'étoit vacant par mort ou par résignation volontaire, ou par forfaiture jugée & déclarée judiciairement par juge compétent.

(56) L'existence de la Magistrature tient un rang bien considérable dans la Constitution de l'Etat de France ; le pouvoir de juger a un plus grand effet sur le sort des citoyens, que le pouvoir législatif ou le pouvoir administratif ; lors de la corruption des pouvoirs, le pouvoir législatif nuit principalement, parce qu'il falsifie les jugemens ; le pouvoir administratif, parce qu'il frappe injustement ; mais le pouvoir judiciaire frappe & flétrit injustement,

Suivant les nouvelles opinions, la meilleure forme de jugement est celle par jury. Sur cette question, jusqu'à présent je n'ai entendu & je n'ai lû d'opinions que celles d'hommes qui ne connoissent par l'expérience que la méthode du jury, ou qui n'en connoissent aucune. D'abord, ce genre de jugement ne peut avoir lieu avec succès, que chez une Nation trèsmorale & très-instruite ; cependant, alors même, cette méthode a un grand vice, le défaut de lumières dans les juges. Juger est un art qui, comme tous les autres, ne s'apprend que par l'étude & l'usage, même quand le jugement ne porte que sur les faits. C'est une opération très-métaphysique & qui exige une grande contention d'esprit, que rassembler, par la pensée, tous les faits qui peuvent avoir quelque relation avec celui dont la vérité doit être constatée ; évaluer la probabilité de chacun de ces faits en particulier, les conséquences qui en résultent, les circonstances qui peuvent en altérer la force, le degré de confiance que méritent les déclarations qui attestent ces faits, soit par leur énoncé, soit par la réputation des auteurs de ces déclarations. D'ailleurs,

dans

dans la procédure par Jury, un homme de loi fait le résumé des preuves, mais ne juge point ; cependant le résultat est que, dans la réalité, il n'existe qu'un juge au lieu de plusieurs, & que ce seul juge est celui auquel il est interdit de l'être. Un des hommes d'Angleterre dont le suffrage sur cette matière est le plus important, n'a pú s'empêcher de reconnoître combien cette objection étoit fondée. La méthode Françoise a d'autres imperfections & d'autres vices ; mais il est possible de les corriger.

La magistrature Françoise apperçue comme corps politique & appréciée sans préjugé favorable ou contraire, " est un " état qui se trouve entre la grande noblesse & le peuple ; " qui, sans avoir le brillant de celle-ci, en a tous les privi- " lèges ; état qui laisse les particuliers dans la médiocrité, " tandis que le corps dépositaire des loix est dans la gloire ; " état encore dans lequel on n'a de moyen de se distinguer " que par la suffisance de la vertu ;" état enfin l'unique en Europe, dans lequel on sacrifie une partie de sa fortune pour acquérir le droit de " veiller nuit & jour pour le bonheur " de l'Empire, & ne trouver, après le travail, que le travail. " Chaque état a son lot ; celui de la magistrature est le " respect & la considération." *(Montesquieu)*. Et en effet, les anciens magistrats ont obtenu une considération telle, que le Chancelier de l'Hôpital nous a transmis que quand un premier Président du Parlement de Paris d'une haute vertu alloit faire sa cour au Roi François Ier, sa présence inspiroit à ce Prince un tel sentiment, qu'on doutoit qui rendoit ou recevoit des respects. La Nation est bien inté- ressée à ce que les magistrats conservent cette haute idée ; car s'ils ne l'obtenoient pas, ils ne tarderoient pas à ne la plus mériter ; & un des plus grands malheurs qui puisse arriver à un Etat, est la perte de la morale dans l'état de la magis- trature. Qu'un homme de guerre manque de morale, il peut n'en être pas moins un très-grand capitaine ; que le ministre des autels ne se respecte pas, si ses vices sont inconnus, ce

n'est

n'est point un malheur pour l'Etat ; si ses vices éclatent, c'est un malheur public que la profession qui doit donner l'exemple de la vertu donne l'exemple du vice ; mais la sureté du citoyen n'est point compromise. Que le magistrat soit sans morale, la propriété, l'existence, l'honneur du citoyen ne sont plus en sureté.

L'influence de la magistrature sur le régime politique de la France, est du même genre que l'influence des Censeurs Romains sur les mœurs ; & les hommes de génie qui ont le mieux apprécié l'organisation de la France, ont toujours vu avec admiration l'établissement des parlemens. En effet, dans une Monarchie où il doit exister des pouvoirs intermédiaires qui contiennent le gouvernement, il est important que parmi les corps politiques qui peuvent remplir cette fonction, il en existe qui, par l'habitude de l'étude, ayent acquis des lumières & perfectionné leur jugement : qui, par leurs fonctions, ayent connoissance des loix de l'Etat ; qui par leur genre d'existence, n'ayant point une force réelle, mais seulement d'opinion, & n'ayant d'empire que par la raison & l'équité, soyent nécessairement forts quand ils s'opposent à l'abus, foibles quand ils veulent abuser, capables de contenir le gouvernement, incapable de le détruire.

La magistrature administrative a quelquefois été en opposition avec la magistrature judiciaire ; c'étoit un genre de guerre civile & un procès entre des associés qui ne s'entendoient pas. Le Clergé pendant quelque tems avoit paru haïr la magistrature & en être haï ; autre genre de guerre civile, querelles de frères ; la sacerdoce & la magistrature ont autrefois été unis en France ; leurs fonctions, depuis qu'elles sont séparées, sont toujours analogues ; les uns prêchent la morale sacrée, les autres la morale conventionnelle, ils doivent être unis pour l'intérêt de l'Etat & pour le leur.

(57) Les commissions criminelles ont dans divers temps porté une funeste atteinte à la liberté. Il n'y en a point eu

 sous

sous Louis XVI. La dernière qui a existé sous Louis XV. est celle contre M. M. de la Chalotais ; & le sentiment public qu'elle a excité, a contribué au maintien des loix.

(58) Nombre d'ordonnances de nos Rois défendent d'obéir aux Lettres Closes & autres ordres contraires aux loix.

(59) Si le juge avoit pu juger contre la loi, il eut usurpé le pouvoir législatif. Si le Roi eut rendu un jugement, il se fut emparé d'un pouvoir qui ne devoit pas être en ses mains.

(60) Ordonnance de Décembre 1355.

(61) Le droit de faire grâce doit être séparé du pouvoir du juger, afin que les juges ne s'ingérent point à substituer leurs opinions ou leurs sentimens à la loi, dont l'application stricte doit être le terme de leur ministère pour l'assurance de la liberté du citoyen.

(62) Le Roi a, de son droit, la générale garde de son Royaume . . . . . il est tenu de garder & de faire garder les coutumes de son Royaume. *(Beaumanoir).* Dans ce temps, la dénonciation de coutumes comprenoit toutes les loix.

(63) La forme dans laquelle nos Rois ont pourvu aux offices, a beaucoup varié, singulièrement pour les offices de Magistrature.

Au commencement de la 3ème race, les Rois pourvoyoient aux offices par un choix qui n'étoit précédé d'aucune formalité.

Charles V. ordonna que les officiers seroient élus & il pourvut sur l'élection (1465).

Charles VI. confirma la forme des élections (1420).

Charles VII. reprit la forme de pourvoir directement aux offices sans élection.

1

Louis

Louis XI. alla plus loin : non-seulement il nomma aux offices vacans, mais il destitua les officiers, même sans sujet de mécontentement ; pour faire connoître l'étendue de son pouvoir. Ces destitutions ayant excité de grands mécontentemens, & même une guerre civile, il déclara (1467.) que désormais les offices seroient irrévocables.

Louis XII. ayant vendu les offices, & François premier ayant étendu ces ventes aux offices de justice, les élections cessèrent.

En 1559, il fut ordonné que lors de la vacance d'un office de Magistrature, les membres du tribunal éliroient trois sujets qu'ils présenteroient au Roi, & que le Roi en choisiroit un. Cette disposition fut confirmée par l'ordonnance d'Orléans donnée sur les demandes des Etats-Généraux, Art. 39. ; par l'ordonnance de Moulins 1566, Art. 9 ; par l'ordonnance de Blois 1579, Art. 102 & 103.

Ces loix n'ont point été exécutées. L'usage de pourvoir aux offices moyennant finance, a prévalu ; & en 1604, les propriétaires de la finance, moyennant le payement d'un droit, ont obtenu la conservation de leur finance après leur mort.

La forme des élections aux offices est sans contredit plus analogue à la pureté des principes qui doivent diriger le choix des fonctionnaires publics, & cette forme a été demandée & réclamée par les Etats. Cependant tous les historiens François attestent que ces élections ont été l'origine de grands désordres & d'intrigues dangereuses, & que, quelle que soit la corruption qui assiège les cœurs, depuis que les Rois ont pourvu aux offices, les choix ont été incomparablement meilleurs que quand les officiers étoient élus.

Il paroît absurde, ridicule, malhonnête, qu'on achete le droit de juger, & la Nation a réclamé contre cet usage. Cependant, depuis que l'administration de la justice est confiée à des officiers qui payent une finance, la justice a été administrée

nistrée

nistrée en France avec une plus grande intégrité ; & les suffrages les plus imposans soit par la profondeur des spéculations sur l'ordre public, soit par l'expérience & les succès dans
l'art du gouvernement, se réunissent pour attester qu'il est
expédient que les magistrats payent une finance & qu'ils
donnent ainsi preuve de l'existence de leur fortune, & de
sentimens de désintéressement.

C'est ainsi que sur bien des objets, les idées des spéculateurs & le vœu des Nations se trouvent réfutés par les leçons
de l'expérience.

(64) Il est quelques offices & surtout des titres ecclésiastiques, auxquels il est pourvu par élection. Il est des titres
(d'offices) inférieurs auxquels il est pourvu par les officiers
du Roi ; mais ces exceptions ne sont pas considérables.

(65) Déclaration de Janvier 1695.—La Déclaration n'étoit
pas exécutée, & les députés des contribuables avoient été
écartés.

(66) Plusieurs impôts ou droits avoient été soumis à la décision du Roi, c'est-à-dire de son conseil.

(67) Montesquieu, en parlant de la Constitution de la
Grande-Bretagne, dit : " Ce n'est point à moi à examiner si
" les Anglois jouissent actuellement de cette liberté ou non ;
" il me suffit de dire qu'elle est établie par leurs loix."

SECTION IV.

SECTION IV.

QUELLE CONSTITUTION POLITIQUE CONVIENT À LA FRANCE ?

La France devroit adopter un Gouvernement qui ne fût ni précisément l'ancien contre lequel on est trop prévenu, ni la Constitution de 1791 reconnue impraticable, ni la forme républicaine dont la nation ne tardera pas à être dégoûtée, mais une Constitution sagement appropriée à son caractère, ainsi qu'à la situation & à l'étendu de la France, suivant laquelle le chef de l'Etat (1) auroit assez de pouvoir pour régir une vaste domination, & les loix auroient assez d'empire & de stabilité pour modérer dans tous les cas l'exercice de ce pouvoir—Texte du Tableau de l'Europe.

Jamais on ne prononça plus laconiquement ni plus lestement sur de plus grands intérêts. Pour quelle raison faut-il rejetter le régime politique qui gouvernoit la France depuis tant de siècles ? Parce qu'on est prévenu contre ce régime.

Quelle

Quelle Constitution faut-il lui substituer ? Une Constitution qui n'ait jamais été admise en France, qui même n'ait jamais été proposée. Mais quelle est cette Constitution qui doit concilier tous les intérêts & réunir tous les suffrages ? L'Auteur se contente de dire qu'elle doit convenir à la France & qu'elle doit être telle que le Gouvernement puisse se faire obéir & ne point opprimer. Définition à laquelle toutes les Constitutions doivent se référer, & qui par cette raison n'en désigne aucune.

Est-il sage d'ouvrir ainsi une carrière illimitée à l'imagination, de détruire ce qui étoit, & de ne rien indiquer de ce qui doit être, de dire à un peuple égaré & avide de nouveautés ; " vous n'avez plus de loix, tout ce que vous avez suivi, chéri, respecté, pendant tant de siècles est annullé : choisissez à votre gré une existence politique." Si l'Auteur du *Tableau de l'Europe* croyoit des changemens nécessaires dans la Constitution de l'Etat au moins il devoit les spécifier, les circonscrire, les limiter, en donner les motifs ; discuter ce régime qu'il proscrit, sans daigner l'examiner, & vérifier de quel degré de liberté **la**

France

France est susceptible. Ce qu'il n'a pas fait, ce qu'il devoit faire, je vais l'entreprendre.

Des principes d'ordre politique d'une vérité généralement reconnue déterminent quel genre de Constitution convient à chaque Etat ; il faut les retracer & les appliquer à la France. Je ne produis point ici mes opinions personnelles ; mais j'extrais ou même je transcris des axiomes de législation politique consacrés par la grande autorité de leurs auteurs, ou par l'aveu des partisans de la liberté la moins limitée, & je n'y joins que des propositions, conséquences nécessaires de ces vérités, ou l'exposé de faits qui ne peuvent être contestés.

La première source où je puise mes principes, est Montesquieu le créateur de la législation politique, qui dans cette science est ce que Bacon est dans la philosophie, & Newton dans la physique ; génie sublime dont l'autorité est reconnue de toutes les nations, & à qui les républicains François n'ont refusé leur hommage, que parce que leur condamnation est écrite dans chaque page de ses ouvrages. A ce grand homme, j'associerai,

& même

& même je citerai de préférence à lui, le partisan
le plus outré de la liberté politique, ce défenseur
de tant de paradoxes littéraires, moraux, ou politiques ; qui, portant la métaphysique dans la législation, en a formé une théorie chimérique ;
qui, voulant sonder les bases des loix, les a ébran-
lées ; & lorsqu'il a voulu mettre ses principes à
exécution, & les appliquer à un Etat, a reconnu
la nécessité de les mitiger ou même de les changer.
Si un tel auteur, que la République Françoise vé-
nére comme son fondateur, avoue les vérités que
je professe, la contradiction ici doit être interdite
même à la démocratie.

I.

L'objet d'une Constitution Politique est que la
loi soit tout, & l'homme rien. Il faut toujours
tendre à ce but, mais on ne l'atteint jamais. Un
tel ordre politique est en législation ce qu'est en
mathématique la quadrature du cercle, en mécha-
nique le mouvement perpétuel, en chimie le trans-
mutation des métaux. Il est dans toutes les sciences des problêmes insolubles.

II. Non

II.

Non seulement il n'existe point de Constitution parfaite, parce que la perfection n'est pas une
qualité qui appartienne aux institutions humaines;
mais il n'est même aucune Constitution en Europe
dont les bases ne soient défectueuses. Dans aucun
Etat de l'Europe, la représentation qui forme le
vœu national, n'est dans une juste proportion
avec l'intérêt des représentés. Ce défaut existe
même dans la Constitution Politique de la Grande-
Bretagne, la plus parfaite, ou pour parler plus
exactement, la moins défectueuse qui existe dans
l'univers.

III.

Nulle Constitution qui soit complete, c'est-à-
dire, qui par des dispositions fixes & précises,
statue sur tous les événemens qui intéressent
l'ordre politique. La Constitution de la Grande-
Bretagne peut encore être citée comme ayant
donné, sur le fait de la régence, des preuves ré-
centes de cette insuffisance.

IV.

La liberté n'est pas le but principal d'une Constitution Politique ; l'objet primitif est le plus

                    grand

grand bien être possible de tous les membres de la société ; la liberté n'en est que l'instrument ; sacrifier le bien être à la liberté, est la plus grande des absurdités & des injustices.

V.

La liberté politique ne se trouve que dans les Etats dont la Constitution est modérée, mais elle ne s'y trouve pas toujours. La démocratie n'est pas un Etat nécessairement libre. Il n'a jamais existé de véritable démocratie, il n'en existera jamais.

VI.

Chaque genre de Constitution Politique est le meilleur dans certains cas, le pire dans d'autres, & chaque genre a ses avantages & ses désavantages. La démocratie est l'Etat où l'homme jouit de ses plus grands droits, où le titre de citoyen est le plus honorable, & où l'oppression est le moins à craindre ; mais lorsque le gouvernement n'opprime pas, souvent il est opprimé, & il ne peut garantir des injustices dont il n'est pas la cause. Dans la démocratie, l'agitation est continuelle, les troubles fréquents, les guerres civiles à craindre.

dre. La Monarchie a la plus grande force intérieure & extérieure ; elle contient les peuples dans
l'obéissance & les préserve des invasions de
l'étranger. Mais quelquefois elle cause par ses
injustices, & par l'oppression, des maux qui
forment l'équivalent de ceux dont elle garantit.
Le gouvernement d'un Roi est évidemment préférable à tout autre, en ce qu'il est incontestable-
ment le plus fort ; mais pour être toujours le meilleur, il lui manque que la volonté Royale soit
toujours conforme à la volonté générale. Plus
l'intérêt de ceux qui gouvernent, est identifié
avec l'intérêt de ceux qui sont gouvernés, meilleure
est la Constitution ; ainsi, quand même il n'existe-
roit ni embarras, ni danger dans les élections, sous
ce rapport, la Monarchie héréditaire est préférable à la Monarchie élective. L'aristocratie,
constitution intermédiaire entre la démocratie &
la Monarchie, participe aux qualités avantageuses
ou désavantageuses de l'une & de l'autre. Dans
l'aristocratie, la tranquillité intérieure n'est pas
aussi assurée que dans la Monarchie, & les vices
de la Constitution Monarchique sont renforcés,

parce

parce que le nombre des Rois étant plus grand, il peut y avoir plus d'oppresseurs. Les Rois étant moins élevés & plus proches de leurs sujets, il y a plus d'occasions de vexation. Ces Rois ayant un intérêt personnel & un intérêt de corps, l'intérêt national a plus d'obstacles à vaincre. Aussi, l'aristocratie héréditaire a toujours été jugée la pire des Constitutions. Cependant les aristocraties de Berne & de Venise prouvent que sous cette forme de gouvernement, l'humanité peut être aussi heureuse que sous aucune autre. Le despotisme n'est pas une Constitution Politique, mais l'abus & la corruption d'une Constitution; & s'il est consenti, il peut être considéré comme la rénonciation à toute Constitution Politique. Le despotisme dégrade l'homme & l'avilit même lorsqu'il ne l'opprime pas. Cependant, si le despote est sage & juste, l'homme peut jouir dans cet Etat de la plus grande sureté à l'extérieur, de la plus grande justice dans l'intérieur. Mais il est difficile qu'un despote soit longtemps éclairé & vertueux, parce que le despotisme assoupit & corrompt celui qui commande autant que celui qui obéit;

& il

& il est moralement impossible qu'il existe une
suite de despotes éclairés & vertueux.

VII.

Une Constitution Politique n'est pas toujours
analogue à son titre. La nature de la Constitution n'est pas seulement déterminée par le nombre
de ceux qui gouvernent, mais par les moyens de
Gouvernement qui leur sont concédés. Non-
seulement la Constitution Politique sous le même
titre est différente dans divers pays, elle est différente encore sous le même titre dans le même
pays à des époques différentes, suivant les institutions particulières introduites dans son organisation ; elle peut même différer sans aucun changement d'institution par les modifications qu'elle re-
çoit du caractère & des talens de ceux qui gouvernent.

VIII.

Toute Constitution doit établir un équilibre
de pouvoirs ; mais, si cet équilibre étoit parfait,
l'Etat serait paralisé ; il faut donc qu'il y ait dans
un des pouvoirs prépondérance, & conséquemment qu'il existe par la Constitution même ou-

verture

ture à un abus. Comme l'action est nécessaire au corps politique, la prépondérance doit être placée dans le pouvoir exécutif ; ce pouvoir obtient cette prépondérance ou par la force, caractère des Gouvernemens despotiques, ou par la séduction, moyen des Gouvernemens modérés. Alors, quelquefois le fruit que les peuples qui se vantent d'être libres, retirent de leur liberté, est de payer avec les charges de l'Etat qui doivent toujours être acquittées, les abus du Gouvernement, & les frais de séduction de ceux des citoyens élus pour s'opposer à ces abus.

L'état social est meilleur que l'état de nature ; mais il a ses malheurs ; tout Etat flotte entre le despotisme ou l'anarchie, & panche vers l'abus du pouvoir ou vers l'abus de la liberté.

IX.

L'égalité n'existe point dans l'état de nature, parce que les droits y sont en proportion des forces ; & les forces individuelles sont inégales. L'égalité existe dans l'état social parce que la réunion des forces de tous pour la protection de chacun anéantit la prépondérance des forces individuelles.

L'égalité

L'égalité sociale consiste en ce que tous sont également protégés & contenus par la loi ; cette égalité de droits ne s'oppose point à l'existence de prérogatives quand ces prérogatives tournent au profit de la société, & sont le payement d'une dette sociale.

X.

Il ne suffit pas qu'une Constitution ait une bonté absolue, il faut encore qu'elle ait une bonté relative ; c'est-à-dire, que les loix soient conformes aux qualités endémiques, physiques ou morales des citoyens & du corps politique ; la plus grande science de la législation est d'observer & de suivre ces rapports qui forment les élémens de chaque code politique. Ces élémens sont : 1°. Le nombre des citoyens ; 2°. L'étendue de l'empire ; 3°. Sa situation ; 4°. La richesse ou la pauvreté des citoyens ; 5°. Le degré d'instruction de la nation existant & possible ; 6°. Le caractère national. Si ces convenances ne sont pas observées dans la Constitution Politique, la nation s'agitera & souffrira jusqu'à ce qu'elle ait détruit sa Constitution, ou que les vices de la Constitution ayent détruit l'Etat.

XI. Les

XI.

Les Etats sont appellés à un régime & à un sort différent, suivant le nombre de leurs citoyens. Moindre est ce nombre, moins les citoyens ont à craindre les abus de la puissance intérieure. Plus grand est ce nombre, moins les citoyens ont à craindre la puissance extérieure. Le nombre des citoyens, plus ou moins grand, est une mesure naturelle & nécessaire de la liberté politique; car dans un petit Etat, chaque citoyen est plus, relativement au corps politique, parce que son suffrage fait une plus grande partie du vœu législatif; dans un grand Etat, le citoyen est moins, puisqu'il est toujours également sujet, & que son droit de suffrage est moindre.

Le Gouvernement, mieux constitué dans un petit Etat, doit encore y être mieux dirigé, parce que toutes ses opérations sont sous les yeux de ceux qui ont un caractère pour l'inspecter; au lieu que dans les grands Etats, un petit nombre de citoyens prenant part aux affaires publiques, & le Gouvernement ayant sur chacun d'eux une plus grande supériorité de force & de moyens, il parvient plus

facilement

facilement à se soustraire à leurs regards & à vaincre leur résistance. Mais si le grand Etat est plus sujet aux abus de l'Etat social, il a plus d'aptitude à en recueillir les fruits. C'est là qu'on trouve une esquisse de cette fraternité universelle qui devroit unir tous les habitants du globe, & qui, par cette union, feroit le bonheur commun. Là, on voit les denrées des provinces du Nord être l'aliment des provinces du Midi ; les liqueurs du Midi être la boisson du Nord ; tous les produits de l'industrie être échangés, & toutes les valeurs être en quelque sorte en commun, sans que le fisc intercepte ces relations, & sans qu'un privilège exclusif national circonscrive étroitement les jouissances, tandis que dans un petit Etat, si l'inclémence des saisons ou quelqu'autre événement désastreux détruit les récoltes, l'Etat entier victime du malheur n'a point de ressource. Dans un grand Etat, si quelque partie de l'Empire éprouve les mêmes désastres, les autres la secourent, & plusieurs millions d'hommes s'entraident à supporter les maux de la nature & à étendre ses bienfaits. Dans les relations avec l'étranger, un

grand

grand Etat offre à ses citoyens un sort heureux ; chacun d'eux protégé par une grande force, se présente avec un caractère imposant & se garantit de l'injustice & de la vexation. La guerre s'allume-t-elle ? Rarement d'autres parties de l'Empire, que ses frontières, souffrent de ses ravages ; ses provinces réunies avec un effort médiocre produisent des effets que ne peuvent obtenir les petits Etats par des efforts qui les épuisent ; une ou plusieurs batailles sont perdues sans que l'Etat soit ébranlé ; plusieurs années de guerre malheureuse n'opèrent pas sa destruction. Au contraire, le petit Etat n'a jamais d'existence assurée ni d'indépendance réelle ; voisin d'un grand Etat, il peut sans cesse être envahi ; placé entre deux grands Etats, il ne subsiste que par leur jalousie. La guerre s'allume-t-elle entr'eux ? Son territoire en est le théâtre. Ces deux Etats se réconcilient-ils ? Sa destruction peut-être le prix de la réconciliation. Même sans infraction du territoire, le sort d'un petit Etat est entre les mains d'un grand Etat, qui dans les disettes peut accorder ou refuser des grains, en livrer ou en interdire le

passage ;

passage; & dans tous les temps, par l'excès de sa préponderance, peut modifier à son gré la Constitution Politique du petit Etat, & ainsi le priver du seul avantage qui soit l'indemnité de sa foiblesse.

L'Etat fédératif formé pour remédier aux défauts des grands & des petits Etats, & obtenir les avantages de chacun d'eux, ne peut remplir son objet que lorsqu'il est composé d'Etats homogênes & égaux; mais dans cette combinaison difficile à obtenir, la confédération encore n'éteint point le sentiment, & ne détruit point les dispositions qui naissent d'une existence indépendante & d'intérêts distincts ou même opposés, & jamais un tel Etat n'a la consistence ni l'énergie d'un Etat qui ne reconnoit qu'un Souverain; le plus souvent ce genre de Constitution n'est qu'une anarchie méthodique.

XII.

L'étendue de l'empire, indépendamment du nombre des citoyens, est un autre élément décisif de la Constitution Politique. Plus l'empire est étendu, moins les citoyens se connoissent,

moins

moins ils ont de relations, plus ils ont des opinions, des mœurs, des intéréts différens, indépendans ou même opposés ; par conséquent,
moins la volonté générale est apparente, & même,
moins elle existe, plus il est nécessaire de la suppléer par la force du Gouvernement.

Plus les diverses parties de l'Empire sont à une
grande distance du centre de la puissance, plus il
est nécessaire qu'elle s'y fasse sentir d'une manière
irrésistible ; & si les Russes étaient rassemblés
dans un territoire moins vaste que celui qu'ils oc-
cupent, il existerait un obstacle de moins à l'introduction dans cet empire, d'une Constitution
modérée.

XIII.

La situation d'un Etat décide encore de sa
Constitution Politique, suivant que cette situation
l'expose à la guerre ou l'en met à l'abri ; mais cette
influence n'appartient pas à la guerre de mer qui
n'agit qu'au dehors, mais à la guerre continentale
qui pénétre toutes les parties du corps politique,
& pouvant en opérer la destruction, en modifie les
mouvemens ou en change la direction.

Les

Les Républiques, genre d'Etat dans lequel la liberté semble inhérente, ne sont nullement propres à la guerre. Non-seulement leur organisation ne les y dispose pas, mais tous les événemens de la guerre tournent contr'elles. Elles se perdent par les succès, ainsi que par les revers, & souvent elles craignent leurs propres généraux plus que les généraux ennemis.

Les nations ne se combattent pas seulement par l'épée, mais par l'énergie de leur Constitution Politique ; & puisqu'il est reconnu que le Gouvernement Monarchique est plus vigoureux & plus énergique que tout autre, dans tout Etat où le déployement des forces est fréquemment nécessaire, la Constitution Monarchique est préférable. Les annales du monde prouvent, à une seule exception près, que les Monarchies ont toûjours envahi les Républiques ; & les causes des triomphes de Rome, d'après le genre de moyens qu'employent les guerres modernes n'auraient plus la même efficacité. La guerre est tellement contraire à l'esprit républicain & à la liberté politique, que les Etats les plus jaloux de leur liberté, dans

l'état

l'état de guerre font céder ce grand intérêt à l'intérêt de leur sureté ; & Rome dans les crises de la
guerre, se soumettoit à un despotisme temporaire.

Ce caractère de nation guerrière pourroit favoriser le despotisme, si la guerre se faisoit comme
autrefois ; mais aujourd'hui, la force respective
des nations n'est plus commensurable par le nombre des citoyens qu'on peut armer, mais par le
nombre de guerriers qu'on peut solder. Après la
paix, les victoires ou les défaites qui l'ont précédé,
ne sont plus intéressantes que pour l'histoire ; &
quoique les événemens militaires soient les instrumens par lesquels on conquiert la paix, ils décident moins des conditions que les moyens de
finance qui, en dernière analyse, autorisent un
peuple à donner la loi, & forcent l'autre à la
recevoir.

La supériorité des forces financières relativement à la guerre, ne doit pas être évaluée par la
quotité des revenus, mais par la quotité des
sommes disponibles ; & comme le succès des combats dépend, non du nombre d'hommes qui
forment l'armée, mais du nombre qu'on a l'art de
porter sur un même point, la tactique financière

qui

qui fait contribuer l'avenir au service du **présent,**
surpasse les efforts d'une puissance supérieure **en**
revenu ; ainsi le crédit national est devenu **un**
grand instrument & même le premier des instrumens de guerre.

Mais le crédit public ne peut exister qu'autant
que la Constitution est modérée & sagement ordonnée ; car s'il dépend d'un homme seul d'annuller ou de restreindre la dette publique, ou d'en
retarder le payement, le taux forcé de l'intérêt
pourra seul déterminer à confier l'argent à un dé-
biteur si puissant & si dangereux. Dans presque
tous les pays de l'Europe, le crédit public est dans
la proportion non de la richesse de l'Etat, mais
de la bonté de sa Constitution Politique. Ainsi,
tandis que la guerre, par sa nature, tend à favoriser
l'accroissement de la puissance du Gouvernement,
par le genre de moyens dont elle exige l'usage,
elle force le Gouvernement à connoître des loix,
& à se donner à lui-même des barrières qu'il ne
puisse surmonter.

XIV.

L'extrême pauvreté, & l'extrême richesse sont
faites pour la dépendance politique. La pauvreté,

parce

parce qu'elle a un objet plus instant que la liberté,
la subsistance. La richesse, parce que, corrompue par les jouissances, elle ne pense qu'à jouir
quels qu'en soyent les moyens. L'Etat mitoyen
est fait pour la liberté ; il n'y trouve d'obstacles
ni dans ses besoins ni dans son caractère.

La masse d'une nation ne peut jamais être assez
riche pour que sa richesse soit un obstacle à sa
liberté ; mais il n'est pas rare qu'une nation soit
si pauvre qu'elle perde de vue la liberté. Si le
partage des richesses est très-inégal, de-là nait le
luxe & du luxe l'asservissement ; car le spectacle
des richesses fait naître le désir des richesses, & leur
possession en crée le besoin ; & dès-lors l'intérêt
individuel l'emportant sur l'intérêt général, la
nation n'est pas capable de former un vœu juste.

Quelles que soyent les conséquences d'une
énorme richesse, la loi ne peut sans danger lui
donner des limites: mettre obstacle à son accroissement, c'est en mettre à l'industrie ; car la
richesse étant le but & l'aiguillon de l'industrie,
les entraves mises aux procédés & aux profits du
commerce le détruisent, & le commerce fleurit

moins

moins en raison des avantages naturels, qu'en raison de la liberté politique de l'Etat où il est établi.

La supériorité de la richesse donne une puissance réelle, indépendante de la puissance conventionelle; mais ces deux sortes de puissances se servent, se soutiennent, & se produisent l'une l'autre, & différentes répartitions des richesses favorisent différens genres de Constitution, quand nul citoyen n'est dans une situation assez pénible pour être disposé à vendre son suffrage, c'est-à-dire, les droits politiques; & quand nul citoyen n'est assez riche pour acheter facilement un grand nombre de suffrages, il existe entre les citoyens un équilibre qui facilite l'introduction de la démocratie. Lorsqu'un grand nombre de citoyens manque du nécessaire, & qu'un petit nombre a un grand superflu, l'égalité ne peut avoir lieu. Quelle que soit la loi, le citoyen indigent ne peut être l'égal du citoyen opulent; il est, par sa situation, dans une dépendance inévitable & terrible, qui, prise dans sa plus grande extension, & mesurée d'après le terme extrême des besoins,

R

équivaut

équivaut à un droit de vie & de mort ; &, prise dans un terme plus commun, n'a de bornes, que d'une part, l'énergie du désir, & de l'autre, l'étendue des moyens ; &, de-là, naît l'aristocratie. Pour mettre un obstacle à l'empire que les classes riches peuvent exercer sur les classes indigentes, il est utile qu'il existe entre elles un arbitre ; & cet arbitre ne peut être qu'un Roi. Si la richesse du Monarque est énorme, si la pauvreté du peuple est extrême, cette disproportion conduit au despotisme.

XV.

Il existe un rapport nécessaire entre les lumières d'une nation & sa liberté politique. L'intelligence est le premier des titres naturels pour se gouverner soi-même, peut-être pourroit on trouver l'empreinte de cette loi dans tout ce qui est animé ; du moins elle existe dans l'espèce humaine, sensible dans chaque individu, comme dans chaque Empire. L'homme, suivant les âges qui développent sa raison, sort de la puissance d'autrui, & il en est de même des Etats. La Grèce & Rome, qui, au milieu des siècles & de peuples barbares

gouvernés

gouvernés par la force & par la violence, mon-
trèrent ce que peut être une nation sagement
organisée, étoient aussi supérieures à ces peuples,
par leurs lumières que par leur régime politique.
L'Europe est la patrie des connoissances humaines, & de toutes les parties du monde, l'Europe
est celle dont les habitans sont les plus libres.
L'Afrique est le pays où l'intelligence humaine
paroît le plus dégradée, & c'est là que l'homme
est dans la plus grande dépendance de l'homme.
De tous les peuples Européens, celui qui a le plus
de lumières & de connoissances est le peuple Anglois ; celui qui en a le moins est le Turc ; c'est
chez ces deux nations qu'on trouve les deux ex-
trêmes de la perfection & de l'imperfection du
régime politique. L'Europe considérée en masse
est une espèce de grande république dont toutes les
parties se tiennent & ont relation par la communication de leurs connoissances autant que par leurs
intérêts ; toutes les nations Européennes marchent
ensemble à la vérité, quelques-unes momentanément sont restées en arrière, quelques-unes même
ont fait quelques pas rétrogades ; cependant il

règne

règne un esprit général qui les entraîne & leur donne une même direction ; ensorte que se suivant à quelques siècles près, elles avancent en masse vers la perfection de la civilisation, & toute l'Europe a reçu dans le dix-huitième siècle une forme d'existence comme un degré d'intelligence qui la rend infiniment supérieure à ce qu'elle étoit dans les siècles précédens ; il est possible que les siècles futurs voyent ce que le siècle actuel ne croit pas praticable, & ce qui réellement ne l'est pas aujourd'hui.

Tout peuple qui veut exercer ses droits politiques, ou même seulement nommer ceux qui les doivent exercer & juger leur conduite, doit avoir au moins les notions élémentaires & de l'ordre social & des facultés, des besoins, des intérêts du corps politique dont il fait partie ; mais toutes les nations n'ont pas une aptitude égale à acquérir ces notions ; une nation dispersée sur une grande étendue de terre, & qui ne vit qu'en corps de famille, ne peut avoir les mêmes connoissances que lorsque les familles sont rassemblées & forment des communautés ; dans ces communautés ou villages,

villages, l'esprit humain est moins perfectionné
que dans les villes, où un plus grand nombre
d'hommes se communique leurs lumières; & sauf
les exceptions procédentes de causes étrangères, la
nation la plus éclairée est celle qui a le plus de
villes. Un peuple agricole est obligé, pour la
culture, de se disperser dans les campagnes; un
peuple manufacturier se rassemble dans les villes;
& de-là nait la différence qui se trouve entre l'intelligence de l'un & l'autre. Un peuple qui se
livre à des travaux qui exigent un grand emploi de
forces physiques, & nul emploi de facultés intel-
lectuelles, n'est pas sur la même ligne que celui
dont la profession exige quelque combinaison
d'idées. La richesse qui donne aux hommes
tant d'avantages, leur donne aussi la facilité de
perfectionner leur intelligence ; & un peuple indigent sans cesse occupé des travaux nécessaires
pour se sustenter, n'a point de temps à donner à
la méditation ; l'instruction fût-elle gratuite, au
moins, pour la recevoir, faut-il y sacrifier un
temps qui est enlevé à des travaux dont il résulte
une utilité actuelle & pécuniaire, & c'est un genre

de

de dépense & de mise de fonds qui n'est pas à la
portée de l'indigence ?

XVI.

Mille nations ont brillé sur la terre, qui n'auroient jamais pu souffrir de bonnes loix. La liberté
n'est pas un fruit de tous les climats, elle n'est pas
à la portée de tous les peuples. La liberté est un
aliment de bon suc, mais de forte digestion ; il
faut des estomachs bien sains pour le supporter.
Je ris de ces peuples avilis, qui, se laissant museler
par les ligueurs, osent parler de liberté sans en
avoir l'idée ; & le cœur plein de tous les vices des
esclaves, s'imaginent que pour être libre, il suffit
d'être des mutins. Fière & sainte liberté, si ces
pauvres gens pouvoient te connoître, s'ils savoient
à quel prix on t'acquiert & on te conserve, s'ils
sentoient combien tes loix sont plus austères, que
n'est dur le joug des tyrans; leurs foibles ames,
esclaves des passions qu'il faudroit étouffer, te
craindroient plus cent fois que la servitude ! ils te
fuiroient avec effroi, comme un fardeau prêt à
les écraser ; le repos & la liberté paroissent incom-
patibles, il faut opter.

Ces

A ces suffrages respectables ou accrédités, il faut joindre encore le suffrage de l'histoire. L'histoire ne nous apprend pas seulement que jamais dans un grand Etat, il n'exista Démocratie ; elle indique encore les raisons de ce phénomène politique & comment l'aptitude d'un Etat au régime Républicain est proportionnée au nombre de ses citoyens ; je dis au nombre des citoyens & non à l'étendue de l'Empire ou au nombre des sujets, parce que dans une République, les citoyens seuls forment le Souverain, & telle peut en être la multitude, que la République soit une institution contre nature.

S'il exista jamais un peuple, qui par la fierté de son caractère & par un amour de la liberté qui n'étoit pas seulement le premier de ses devoirs, mais la première de ses passions, sembla devoir être préservé dans toutes les situations de l'altération de ses principes & destiné à être toujours Républicain, ce fut sans doute le peuple Romain. Rome subit pourtant le sort inévitable résultant des événemens ; & ce ne fut point lorsqu'elle soumit l'Afrique & les Gaules à son

Empire ;

Empire ; mais lorsqu'elle conféra le caractère de citoyen aux peuples alliés, & forma de presque toute l'Italie une seule République ; alors encore il existoit bien moins de citoyens Romains qu'il n'existe aujourd'hui de citoyens François ; & cependant Ciceron observe que depuis cet événement la République n'exista que de nom ; l'Etat n'eut plus d'union, l'esprit public fut perdu, chaque Général eut un parti, il n'y eut plus de citoyens d'une République, mais des protecteurs et des protégés, les dissentions devinrent plus fréquentes & plus terribles, & ce qui précédemment causoit des jalousies, des animosités, des insurrections, produisit des massacres, des proscriptions, des guerres. Depuis cet accroissement du corps de la République jusqu'à sa destruction, on ne trouve qu'une série non interrompue de tous les désastres qui signalent l'anarchie.

C'est peu après cette époque qu'on voit naître les funestes divisions de Marius & de Sylla ; on combat jusques dans Rome ; & la place destinée à la tenue des assemblées de ce Peuple-Roi, devient une arène ou plutôt une boucherie. Chaque

que parti, tour-à-tour vainqueur & vaincu, poursuit ses ennemis avec atrocité ; nulle tête, nulle proprié-té n'est en sûreté ; l'impartialité est punie, & la richesse est un crime ; dans ces combats & ces proscriptions dont les historiens Romains ne nous ont transmis qu'en frémissant l'horrible his-toire, deux cent mille citoyens périrent. Pour-quoi faut-il que nous soyons réduits à envier la médiocrité de pertes qui parurent aux Romains le comble de l'horreur !

Sylla abdique l'Empire, mais les Romains ne peuvent recevoir la liberté qu'il leur donne. La Dictature de Sylla n'avoit pas seulement montré que les Romains pouvoient souffrir un chef, mais qu'il leur étoit nécessaire.

Tout homme sans mœurs, accablé de dettes, souillé de crimes, cherche son salut & sa fortune dans la perte de la République ; & quicon-que conjura, trouva des complices. Catilina forme un parti, lève une armée, & Rome ne peut leur échapper que par la transgression de ses loix.

Pom-

Pompée, César, Crassus, s'attribuent la puissance. Le plus grand désordre règne dans Rome, & il n'est point de jour où l'enceinte de ses murs ne soit ensanglantée. Crassus périt. Sous des titres de magistrature Pompée est le Roi du Sénat, César le Roi du peuple ; entre ces Rois, Pharsale décide, & les Romains ne sont plus que les courtisans de César. César est assassiné, & le peuple brûle les maisons de ses libérateurs. Le tyran périt, la tyrannie survit.

Un nouveau triumvirat se forme, plus sanguinaire, plus atroce que tout ce qui a précédé ; les proscriptions se multiplient ; le pillage, la trahison, l'assassinat sont les seuls ressorts du Gouvernement; le plus foible des triumvirs est opprimé & succombe. Rome avoit été divisée entre les assassins de César & ses vengeurs ; elle se divise entre le lieutenant & l'héritier de César. Actium donne l'Empire à Octave, & Rome obtient enfin la paix & le repos.

Ainsi dans cette douloureuse agonie de la République qui dura un demi siécle, on voit sans cesse le Romain armé contre le Romain. Celui

qui

qui croit combattre pour la République, ne combat que pour le choix d'un maître. Un usurpateur abdique, un autre est assassiné, mais il n'est
plus pour Rome de République. Sous le beau
nom de liberté, jamais il n'exista plus terrible
esclavage. L'anarchie ne put cesser que par l'oppression. Des Romains furent réduits à se féliciter de vivre sous le joug d'un Despote.

Tel fut l'épouvantable sort du premier peuple
du monde. Le dernier siécle a vu dans d'autres contrées se reproduire ces scènes sanglantes & funestes. Dans un pays que sa situation & le caractère
de ses habitans semblent rendre plus que la France susceptible d'un grand degré de liberté, mais
qui par l'étendue de son territoire & par sa population ne peut être une Démocratie, un amour
effréné d'une liberté illimitée ayant renversé toutes
les anciennes institutions, les dignités de l'Eglise
& de l'Etat, & tous les rangs de l'ordre social
ayant été abolis, à la force légale succéda la force
militaire ; le peuple qui n'avoit pû souffrir un
Roi, eut un protecteur qui sous un titre nouveau
exerçant un pouvoir non connu & non limité,

osa,

osa, entreprit, exécuta ce que n'avoient osé les
Rois, priva la Nation de ses Représentans, lui
en donna à son choix, les plaça, les déplaça,
gouverna tour-à-tour l'armée par le Parlement &
le Parlement par l'armée, invoqua les loix & les
enfreignit, leur substitua le fanatisme & au fanatisme sa volonté personnelle. L'historien qui a le
mieux décrit & le mieux jugé ces événemens,
observe que telles étoient alors l'exagération des
idées, & la fermentation des esprits, que ces irrégularités, ces vexations, ces violences, étoient
peut-être inévitables pour empêcher la dissolution
totale de l'Etat. Exemples effrayans ! leçons terribles ! Les siécles, les nations semblent se réunir
pour avertir tout peuple qui préférant une liberté
illusoire à une liberté vraie, ne concilie point son
régime politique avec des convenances tracées
par la nature, que de grands malheurs sont les
suites de grandes erreurs, & qu'après de longues
agitations & des convulsions dont le terme n'est
point entrevu, le désespoir peut précipiter dans
le plus odieux & le plus humiliant des gouvernemens, & rendre cet abyme un asyle nécessaire
contre les maux de l'Etat.

Ces axiomes

Ces axiomes politiques sur la Constitution des Empires étant constatés, l'application doit en être faite d'après les qualités distinctives de la France; sa consistance, sa situation, ses rapports naturels tracent son existence & ses rapports conventionels, & le caractère intellectuel & moral du François ordonne de son caractère politique; aussi, puisant les idées que j'expose dans l'essence même de cet Etat, je puis dire qu'encore ici j'écris sous la dictée de la nature.

La France en 1789 avoit vingt-six millions d'habitans, & il lui étoit important de conserver cette force de population qui la rendoit redoutable, sans cependant la rendre menaçante pour la liberté de l'Europe (2). Son territoire étoit de vingt-sept mille lieues, & formoit un quarré long justement proportionné, muni de barrières naturelles & artificielles, & heureusement situé pour le commerce; ainsi la France avoit son complément territorial (3), & l'extension de son empire pouvoit lui être désavantageuse sous divers rapports; dont la possibilité de conserver sa Constitution Politique n'étoit pas le moins important.

1

Cette

Cette population & cette superficie appelloient sensiblement la Monarchie, & en nécessitoient l'existence; mais le nombre des citoyens & l'étendue du territoire ne s'opposoient point à ce qu'il existât en France, cette balance de pouvoirs dont résulte la liberté politique; nulle partie de l'Empire n'étoit à une assez grande distance du centre de la puissance, pour qu'elle ne put correspondre promptement avec elle, & pour qu'il fut nécessaire d'assurer l'exécution des ordres par une rigueur irrésistible.

Quelque considérable que fût le nombre des citoyens, il existoit entre le nombre des représentés & celui des représentans un rapport tel que chaque quantité de citoyens admise à nommer un représentant, pouvoit le connôître & le trouver dans son sein, sans cependant que l'assemblée des représentans fut désordonnée & tumultueuse par la quantité énorme de ses membres (4).

Le fanatisme démocratique a vu, ou du moins a représenté les Rois, comme des fardeaux inutiles de l'Etat, & des êtres funestes à l'ordre public.

Si

Si tant d'hommes de génie n'avoient pas prononcé
sur l'utilité & la nécessité de la Monarchie dans
un grand Etat, les malheurs de la France, dont
elle ne peut sortir tant qu'elle sera sans Roi, auroient écrit cette décision en caractères de sang.
Les avantages que les peuples retirent du Gouvernement, sont rarement estimés d'après une juste
mesure ; les faits de guerre, les victoires, les
conquêtes ont des caractères plus marqués & plus
brillants ; mais quiconque est en état d'apprécier
les causes des événemens, sait combien de peuples
doivent leur salut à leurs Rois. Tous les Anglois
éclairés reconnoissent qu'il y a quelques années,
sans le jugement & la fermeté de Sa Majesté
GEORGE III, peut-être Londres entier périssoit
par un incendie & un massacre. Certainement
nul général, par ses victoires, n'a rendu un plus
grand service à son pays. Mais pourquoi cher-
cherois-je hors de France la preuve de grands services rendus par les Rois à leur patrie. Dans le
plus grand désastre qu'ait éprouvé la France
jusqu'à la catastrophe actuelle, elle n'a été sauvée
que par le génie supérieur d'un seul homme, le

S

Roi

Roi Charles, surnommé le Sage, surnom le plus désirable pour un Roi, puisque c'est l'expression de la qualité la plus utile à ses sujets. La nation en corps remercia ce Prince de ce qu'au milieu de la fermentation nationale, des insultes faites à sa personne, de la violence des partis, de l'oubli de tous les devoirs, des atrocités & des malheurs de tout genre, il n'avoit pas désespéré du salut de l'Etat, & elle reconnut lui devoir sa conservation, Sire, quand nos pères présentèrent à Charles V un hommage si honorable, ils l'adressèrent d'avance à celui de ses successeurs qui sauroit l'imiter ; & de qui, peut-on attendre, avec plus de confiance, ces vues de prudence & de sagesse qui décident de la destinée des Empires, que d'un Prince depuis longtemps renommé en Europe par ses connoissances & la supériorité de son esprit ?

Je conçois, Sire, que Votre Majesté prise peu une Couronne brisée & sanglante (5) ; que régner soit pour elle un devoir, & non un bonheur, & que le patriotisme seul fasse désirer à Votre Majesté le maintien de ses droits ; mais, Sire, deux grandes récompenses vous attendent : le bonheur des François, & leur reconnoissance.

Si,

Si, de la considération de ce que la France est dans son intérieur, on passe à l'examen de ses relations à l'extérieur, on voit un Etat placé entre de grandes puissances dont il est rival sous une infinité de rapports, ayant des intérêts territoriaux & maritimes, & ainsi de nombreux sujets de guerre multipliés, en ce qu'une guerre de terre entraîne presque toujours une guerre de mer. La France ayant conquis des provinces dont la perte peut exciter les regrets de ses anciens Souverains doit toujours être en état de s'opposer à leur vengeance. Depuis quelque temps, les principales puissances de l'Europe ayant prodigieusement augmenté leur pied militaire, la France n'en peut avoir un inférieur, sans compromettre, non-seulement sa considération & son influence en Europe, avantages d'opinion qui en produisent de réels, mais même sans compromettre sa sureté. La France ayant des colonies, voulant avoir un grand commerce, croyant ne devoir point reconnoître de supérieur sur les mers, est souvent obligée de se mesurer avec la Grande-Bretagne. La France est donc condamnée par sa situation à

être

être puissance guerrière, & par conséquent doit être une Monarchie, puisqu'il est démontré, & par l'organisation de ce genre d'Etat, & par l'histoire ancienne & moderne, qu'une Monarchie est plus propre à la guerre, & qu'une République y est inhabile ; car il ne faut pas juger des moyens de guerre de la France comme République, par ceux qu'elle peut employer dans sa naissance, dans les premiers momens de l'effervescence des sentimens démocratiques, & avec l'énergie que donne en France tout genre de nouveauté ; mais il faut prévoir ce qu'elle pourroit être quand l'Etat auroit pris son assiette, que l'effervescence seroit calmée, que les factions seroient formées & que l'intérêt individuel surnageroit.

Si la France pour l'énergie de ces moyens militaires doit être une Monarchie d'après le genre de moyens qu'on peut employer contre elle, & auxquels elle est obligée d'en opposer de semblables, il faut qu'elle soit une Monarchie tempérée. En effet, il vient d'être observé que la Grande-Bretagne, par sa situation & par ses intérêts, est une des Puissances naturellement rivales de la France;

France ; or, cet Etat jouit du plus grand crédit national ; il faut donc que la France ait un crédit semblable ; & pour cet effet, il ne faut pas que la volonté d'un seul puisse décider du maintien ou de l'infraction de la dette nationale.

Le sol de la France est fertile, & un grand nombre de ses productions est destiné à satisfaire le goût. Nul pays en Europe où il se fabrique autant de marchandises élégantes & somptueuses. Les produits des colonies de la France sont presqu'en totalité destinés à la consommation de la richesse; & son commerce étendu rend le monde entier tributaire de ses jouissances ; il faut donc qu'il existe en France du luxe, il faut donc qu'il y ait une Monarchie.

Les habitans des contrées placées dans un grand continent & à une grande distance de la mer, ont, dans leur situation, un obstacle à la richesse, tandisque les peuples voisins de la mer, ayant des débouches plus faciles & des moyens de commerce plus étendus, sont appellés à une plus grande aisance (6).

La

La plus grande partie du peuple François est agricole, & un genre de malheurs particulier à la France, consiste en ce qu'une grande partie de la culture Françoise a pour objets des productions casuelles & tardives, &, par là, sujettes à des vimaires, auxquelles sont soustraites les récoltes d'un genre plus précoces ; de plus, le débit de ces productions n'est pas assuré comme celui des autres productions, & le prix en est plus inégal, & toutes ces chances tournent au profit de la richesse contre la pauvreté dont elles aggravent le sort. Un grand nombre de manufactures Françoises ayant pour objet des marchandises de goût, les ouvriers qui y sont employés sont dépendans des variations du goût & du caprice ; & comme une grande partie de ces marchandises passe à l'étranger, un réglement de police du pays, à une grande distance, peut d'un moment à l'autre prononcer l'arrêt de leur ruine. La fortune de beaucoup de citoyens François est donc nécessairement précaire & incertaine, & un grand nombre est condamné à l'indigence, tandis que d'autres sont appellés à une grande richesse ; par conséquent

quent l'état démocratique ne peut convenir à la
France. L'Assemblée Nationale a voulu opérer,
par la violence, ce à quoi l'état de la nation Françoise se refuse ; tout citoyen qui, en enrichis-
sant sa patrie, s'étoit enrichi, a été réputé coupable, comme celui qui portoit un nom illustre par
des services rendus à la patrie, & tous les deux
ont été frappés du glaive destiné à ne frapper que
le crime ; ainsi, la République a employé des bourreaux pour niveler ses citoyens ; mais dans ce sistême absurde autant qu'atroce, il ne suffisoit pas
d'assassiner les riches, il falloit encore détruire les
sources de la richesse, il falloit se borner à n'être
qu'une nation agricole, si toute fois dans ces
limites même la différence énorme que la nature
du sol & la nature des produits met entre le sort
des cultivateurs, n'étoit pas destructive de toute
égalité ; mais il falloit du moins détruire les
manufactures, sources de richesse & de luxe,
renoncer aux colonies, brûler les navires qui en
transportent les produits, & les vaisseaux destinés
à les protéger. Mais quand cette destruction, aujourd'hui fort avancée par les mesures fausses &

incon-

inconsidérées de la République, auroit été consommée, qu'en seroit-il résulté ? La France appauvrie, & hors d'état de supporter la guerre, n'auroit pas tardé à être la proie des puissances qui l'auroient attaquée, effet nécessaire d'une législation égarée qui, formant un sistéme politique contraire à l'ordre naturel & endemique, perd une nation par les moyens même qu'elle veut employer pour la sauver.

Tandis que la République a proscrit l'inégalité résultant de la naissance & celle résultant de la richesse, elle a introduit dans son sein la plus injuste & la plus condamnable des inégalités. Quels cris d'horreur & d'indignation pousseroient les républicains contre le despote qui, sans motif & par son bon plaisir, enleveroit les propriétés d'une partie de ses sujets, pour les donner à une autre, ou qui, par crainte des esclaves qui l'entourent, pour favoriser leur subsistance, affameroit le reste de la nation ; ce despotisme, ce genre d'aristocratie existent au milieu de la République ; l'Assemblée Nationale depuis longtemps, par des dépenses énormes, nourrit le peuple de Paris, & les

satellites

satellites qu'elle employe aux dépens des provinces ;
le peuple François est forcé de payer des subsides dont le produit est employé à l'achat des
grains qui sont donnés à l'habitant de la capitale ;
& on parle d'égalité ! L'assemblée a tellement
compté sur l'aveuglement & l'abattement de la
nation, qu'elle a osé publier par l'impression
cet odieux usage de la fortune publique ; cependant elle a bien jugé le peuple qu'elle opprime,
puisqu'il souffre ces indignités, &, par là même,
semble les mériter.

La nation Françoise est certainement une des
plus spirituelles ; il en est peu qui ayent une con-
ception aussi vive & une expression de ses idées
plus saillante ; & ce genre de mérite inégal dans les
diverses classes de la nation existe dans toutes avec
un caractere de supériorité sur la plûpart des
autres nations ; mais quelqu'estimables que soient
ces qualités de l'esprit dans les relations de la société, elles sont peu intéressantes dans les déterminations relatives aux affaires particulieres ou
publiques ; peut-être même cette vivacité de con-
ception & la rapidité de la marche vers l'opinion

se concilient difficilement avec la discussion méthodique nécessaire pour la vérification des faits,
& la méditation qu'exige la maturité de la décision.
De plus, quand le François auroit le genre d'esprit le plus propre aux affaires publiques, auroit-
il la facilité d'acquérir les connoissances nécessaires pour en juger ? Déjà il a été observé que,
plus une nation est dispersée, plus elle est employée à des travaux de force ; plus elle est indigente, moins elle est à portée d'acquérir des connoissances ; or, en France, la proportion du nombre
des habitans des campagnes au nombre des habitans des villes, est bien plus forte qu'en Angleterre
ou en Hollande. En France, le genre des produits exige qu'une bien plus grande quantité de
terres soit cultivée à bras ; & dans ces travaux
pénibles les hommes sont réduits à la fonction de
machines, & n'en différent qu'en ce qu'ils ont
un mouvement spontané. Enfin grand nombre
de cultivateurs François sont dans l'indigence, ou
du moins dans le malaise, par des causes qui viennent d'être indiquées & qui sont difficilement
rémédiables ; la France a donc, par la distribution

tion & la répartition nécessaire de ses citoyens sur son territoire, par leur emploi, par leur pauvreté, des obstacles à l'acquisition de connoissances nécessaires à l'influence dans les affaires publiques ; obstacles non insurmontables, mais plus grands que ceux qui existent chez plusieurs autres nations.

Le genre & le degré d'esprit de chaque peuple pouvant être évalués par ses productions littéraires, il est intéressant de consulter ce genre d'estime. Nulle nation ne peut se vanter d'avoir une littérature aussi étendue & aussi brillante que la littérature Françoise ; mais la justesse du discernement étant la qualité la plus intéressante pour la direction de l'ordre publique, il faut écarter les ouvrages d'agrément, & ne considérer que les succès dans les sciences hautes & exactes. La France a produit l'homme qui peut-être a eu le génie le plus fécond, les vues les plus étendues, les idées les plus audacieuses, & qui a saisi sous les plus grands rapports tout ce qu'il a considéré. Si on croit le suffrage de quelques philosophes, Descartes, sous ce point de vue, est supérieur à

Newton ;

Newton ; mais l'un a forgé un monde qui n'existe point, & ne peut exister ; Newton nous a appris ce qu'il est. Quelle imagination fut plus brillante, quel métaphysicien fut plus subtil que Malbranche ; mais qu'il y a loin de lui à Locke pour la sagesse & la justesse des idées. L'histoire naturelle devoit être un des plus grands monumens des sciences, puisqu'on devoit y trouver tous les principes de l'ordre physique. C'est en effet, un superbe tableau, mais ce n'est point un portrait ; & au milieu d'une multitude de systêmes ingénieux décorés d'un stile enchanteur, on ne trouve peut-être pas, ni une invention, ni une idée de laquelle on puisse tirer utilité. Tel est le défaut presque général des François dans les sciences hautes ; ils ont presque toujours consulté leur imagination plus que leur jugement, & ils ont écrit des romans & non des histoires. On admire nos philosophes François ; on suit des leçons des philosophes Anglois. Peut-être sans les François, les Anglois n'auroient point conçu plusieurs de leurs grandes idées. Mais enfin, Bacon, Newton, Locke sont restes les législateurs de la

philosophie,

philosophie, de la physique & de la métaphysique. Or, puisque la législation politique doit être dirigée par le même genre d'esprit que les autres sciences, il est bien à craindre que le François ne tombe dans le même genre d'égarement ; & sur cette matière, l'erreur a des conséquences bien plus funestes.

Il en est du caractère national comme des productions de la terre ; toujours il conserve des qualités endemiques que modifient & qu'altérent, mais que ne peuvent détruire les institutions, les usages, & l'influence des événemens. Dans les Gaulois que peint César, on reconnoit les François de nos jours, & le François de chaque siècle, quoique différent l'un de l'autre, a pourtant un fonds de caractère homogène, une grande sensibilité, une grande audace, de l'honneur & de la vanité, l'amour de la gloire & l'amour du plaisir ; promptitude à concevoir des espérances, promptitude à les perdre, enthousiasme, inégalité ; enfin excès dans le bien & dans le mal. De toutes ces qualités s'est formée une nation qui, par l'ensemble de ce qu'elle est, doit être placée dans le

premier

premier rang des nations; mais qui par ses vertus
& par ses vices, par ses grandes & par ses mauvaises qualités, par ce qu'elle a d'estimable & de
répréhensible, ne peut être considérée comme la
nation qui, par son caractère, a le plus d'aptitude à se gouverner elle-même. Dans les objets
de délire qui, dans divers siècles, ont égaré l'espèce humaine, on peut juger les peuples selon
qu'ils en ont été plus ou moins fortement attaqués.
Il fut un temps où une piété plus zélée qu'éclairée
arma l'Europe contre l'Asie, & donna le nom de
sacrées à des guerres injustes, dépeupla & ruina
une partie du monde, pour faire à l'autre un mal
qu'elle ne put lui faire ; dans cette démence héroïque, les François ont pris plus de part que les
autres peuples, & ont été les derniers désabusés.

Quelques siècles plus tard l'abus de la religion
qui avoit armé les Européens contre les Asia-
tiques porta la division & la guerre dans l'intérieur
des Etats. En France, encore plus que dans les
autres pays Européens, on vit le fanatisme ai-
guiser ses poignards, & le masque de la religion
couvrir les plus grandes atrocités. Dans cette

histoire

histoire de nos pères on croit lire la nôtre ; l'enthousiasme religieux & civique, épidémies morales de divers genres, ont les mêmes symptomes & les mêmes excès. Dans le treizième siècle la France, par une sainte ivresse, vouloit forcer tout l'univers à se faire Chrétien, & voyoit un ennemi dans tout peuple qui ne reconnoissoit pas le même Dieu qu'elle ; de même, à la fin du dix-huitième siècle, la France a voulu, & quoique maintenant elle le dissimule, elle veut encore forcer toutes les nations à renoncer au régime politique qui leur convient, qu'elles ont adopté, & qu'elles chérissent ; & elle ne reconnoit pour véritables alliés que des peuples démocrates ; comme dans le seizième siècle, les François se persécutèrent, & se massacrèrent pour la défence d'opinions religieuses que peu d'entre eux étoient en état de juger, ils se persécutent & se massacrent encore aujourd'hui pour la défence d'opinions politiques qui ne sont pas moins au-dessus de leur intelligence ; & à l'une & à l'autre époque, ceux qui entendent le moins les questions pour lesquelles ils combattent, sont ceux qui les défendent avec plus de fureur & d'atrocité.

Les

Les François d'aujourd'hui n'entendent parler qu'avec indignation & horreur des atrocités de l'année quinze cent soixante-douze ; aux yeux de la génération prochaine, les atrocités de mil sept cent quatre-vingt-douze & des années suivantes, seront une St. Barthélemi prolongée & plus horrible encore, & le dix-neuvième siècle jugera les François républicains comme les républicains jugent leurs pères assassins des Protestants.

Sur les objets de commerce & de finance, mêmes erreurs, mêmes excès que dans les opinions religieuses. En 1764, si le vœu de la plus grande partie de la nation avoit été suivi, les ports de la France ne pouvoient être assez ouverts pour l'exportation des grains ; quelques années après, ce même peuple s'opposoit avec violence, même au transport des grains d'une contrée de la France à l'autre. Au commencement de 1720, le papier de banque avoit le plus grand crédit, la confiance & l'enthousiasme national servirent tellement cette monnoie factice, qu'elle fut portée à une quotité insensée & bientôt décréditée par son excès ; partout, le passé est la peinture du présent. Tous les

les peuples, dans quelques époques ont pu ordonner de leur régime politique. L'usage qu'ils
ont fait de cette puissance donne la juste mesure
de leur caractère. En 1355, en 1483, en 1588
les Etats-Généraux de France furent en mesure
de faire la loi à nos Rois. Dans les deux premieres époques, ils voulurent nommer les membres du conseil du Roi, & ainsi ils attaquèrent
son pouvoir exécutif ; à la dernière époque ils
vouloient l'assujettir à un consentement forcé à
tout ce qui seroit arrété par les Etats ; ainsi ils
l'excluoient du pouvoir législatif. Dans tous ces
temps, ils tendoient à dénaturer la Royauté, & à
priver la nation de l'utilité qu'elle en doit retirer.
Les Anglois ont souvent été les maîtres de donner
à leur gré des bornes aux prérogatives de leurs
Rois ; mais ils ont été assez sages pour considérer
l'existence de cette prérogative, comme nécessaire à un juste équilibre des pouvoirs.

En 1648, égarés par la complication d'un enthousiasme religieux & civique, ils ont détruit la
Royauté ; mais bientôt, reconnoissant l'impossibi-
lité pour un grand Etat d'être gouverné par la

 multitude,

multitude, ils se sont soumis à un des hommes le plus capables de gouverner les hommes. La Révolution Françoise (en écartant l'idée des crimes qu'elle a entraînés, si toute fois une telle idée peut même pour quelques momens être écartée) la Révolution Françoise n'a pas eu les mêmes excuses ; la France avoit les lumières d'un siècle plus éclairé, aucune idée religieuse ne fascinoit les yeux du peuple, elle avoit pour leçon le répentir de l'Angleterre, l'étendue du territoire de la France, sa population, sa situation, les mœurs de ses habitans, tout l'avertissoit qu'elle n'étoit pas susceptible d'un régime républicain. Forcée comme l'Angleterre de s'éloigner de ce régime, elle ne s'est soumise qu'à des bourreaux, & n'a pas eu l'excuse de l'admiration pour le génie.

On prétend que le peuple est plus sage & plus juste dans ses affections & dans ses jugemens sur les personnes que sur les affaires. J'étudie ici la justice du peuple François, & je le vois adorer Louis XIV, quand ce prince épuise son Royaume par des guerres injustes, & indispose l'Europe par ses triomphes, plus qu'il ne l'effraie par ses victoires ; &

quand

quand plus sage, plus juste, mais moins heureux, il
soutient des revers avec une politique profonde, &
un courage héroïque, la nation méconnoit le grand
homme. Louis XVI montre le plus grand amour
pour ses sujets & un désintéressement sur sa prérogative presque sans exemple parmi les Rois ; il
rappelle volontairement la nation à l'exercice de
droits dont elle étoit privée depuis longtemps, &
la reconnoissance nationale . . . . . . qu'il me soit
permis de ne pas achever (7). Il en coute à mon
cœur & à mon amour propre, de retracer ici les
honteux & horribles égaremens de ma patrie ;
mais je crois plus dangereux encore de dissimuler
la vérité aux peuples, que de la dissimuler aux
Rois.

Quel peuple s'est montré digne de la liberté ?
Ce fut dans les temps anciens celui qui fut nommé
le peuple Roi, & qui mérita ce titre, parce que
connoissant ses droits, il s'abstint d'en user, quand
il en estima l'usage injuste ou dangereux ; celui
qui après avoir obtenu que tout citoyen pourroit
parvenir aux premieres dignités de l'Etat, pendant longtemps n'y nomma que des patriciens,

                    parce

parce qu'il les en jugea plus dignes ; qui pour avoir commis une injustice, mis en totalité à la censure par son magistrat, & suspendu de l'exercice de ses droits, s'honore en subissant sa condamnation, & qui ne tomba dans le despotisme que pour avoir voulu conserver une constitution qui ne pourroit plus convenir à l'étendu de l'Etat. Quel est dans nos temps modernes le peuple qui s'est montré le plus digne de la liberté ? C'est celui qui, distinguant la liberté de l'indépendance, ne veut être soumis qu'aux loix, mais leur est soumis ; celui qui, suivant les leçons de l'expérience, perfectionne sans cesse son régime politique sans en altérer les élémens ; celui, au nom de qui un grand crime ayant été commis au milieu du dix-septième siècle, en solemnise encore annuellement l'expiation, & semble vouloir imprimer à ses remords un caractère d'éternité ; celui qui, sensible au malheur, & indigné de l'injustice quelles qu'en soient les victimes, verse des secours dans des mains encore teintes de son sang, & force au respect, à la reconnoissance, à l'admiration, ceux qu'il n'a pu forcer à la crainte. Que le Ciel donne

donne à une nation dont s'honore l'univers, pour récompense de ses vertus, la sagesse de jouir de ce qu'elle possede. Rome & l'Angleterre, voilà les censeurs & les modèles de la nation Françoise. Il est temps enfin que d'après sa propre histore, elle reconnoisse qu'en France, la justice pour les personnes & pour les institutions est rare ou du moins tardive, que nul peuple, peut-être, n'a plus que nous outré ce qui est sage, abusé de ce qui est utile, corrompu ce qui est respectable, transformé la religion, la liberté, & tout ce qui est donné à l'homme pour son bonheur, en instrument de destruction & de crime ; il est temps que la nation, se défiant de ses flatteurs & d'elle-même, apprenne à être modérée dans ses désirs, méthodique dans ses moyens, & que, dans ses opinions & ses déterminations sur son existence politique, elle se mette au niveau de ce qu'elle est sur un champ de bataille, dans les procédés de l'esprit humain, dans les chefs-d'œuvre des arts, dans la noblesse des sentimens, dans tout ce qui rend l'humanité intéressante, recommandable & sublime. Puisse enfin la nation savoir que la victoire ne rectifie

point

point ce qui est insensé, ne légitime point ce qui est injuste, & que le plus grand ennemi qu'un grand peuple ait à crandre, c'est lui-même.

Après avoir observé séparément les qualités caractéristiques de la France, & ce que chacune d'elles exige ou admet, je porte mais regards sur leur ensemble, je considère ces 26 millions d'habitans, cet empire de 27 mille lieues, cette situation entre des Etats puissans & armés, ces richesses, cet esprit pénétrant mais audacieux jusqu'a la témerité, ce caractère sensible & emporté, enfin cet amour de la nouveauté & cette mobilité d'opinions & d'affections, & je cherche dans ces faits quelle institution ils doivent entraîner, & ce que doit être un tel peuple pour son intérêt. Lui convient-il de former un seul corps de nation, ou plusieurs ? cet Etat doit-il être fédératif ? peut-il être une République ? doit-il être Monarchie ? cette Monarchie doit-elle être héréditaire ou élective ? la couronne doit-elle être remise sur la tête à laquelle elle appartient, ou transférée sur une autre ? enfin quelle doit être dans cet Etat la distribution & l'organisation des pouvoirs ? Il est difficile

de

de donner une plus grande carrière à l'opinion ; mais afin de simplifier & d'abréger la discussion de ces questions, je ne rapporterai sur chacune d'elles que quelques faits, déterminans pour la décision, d'après les principes précédemment établis.

Si la France concevoit l'idée de se diviser en plusieurs corps de nation, afin que chacune d'elles fut susceptible de cette régularité d'organisation politique, plus admissible, en effet, dans les petits Etats, alors la France renonceroit à ces limites que la nature semble avoir tracées pour elle ; heureux ensemble, fruit du temps, de la politique, & des conquêtes, & si favorable à la sureté, à la subsistance, aux richesses, aux jouissances de tous les habitans de l'empire. Bientôt ces nouvelles divisions oublieroient leur origine ; elles ne tar‑ deroient peut-être pas à devenir ennemies, du moins n'étant plus obligées de se secourir, leur isolement feroit leur malheur commun dans la paix, & leur danger dans la guerre ; les pays placés à la proximité des grandes puissances étrangères seroient bientôt envahis, & leur assujet‑

tissement

1

tissement faciliteroit celui des autres Etats dé-
membrés.

Espéreroit-on trouver la réunion des avantages
des grands & des petits Etats dans une fédération
qui liât tous les démembrements de la France, &
en fit un seul corps politique ? Déjà il a été reconnu que pour cette sorte de constitution il faut que
les Etats qui la composent soyent d'une grandeur
& d'une force à-peu-près égale ; mais le territoire
de la France n'est pas divisé par des rivières & des
chaines de montagnes qui tracent de pareils arron-
dissements, & cependant, sans cette circonscription
physique, il existe entre les Etats des sujets fréquents de plainte & de discussion ; &, la division
légale séparant ce que la nature a uni, réunissant
ce qu'elle a séparé, intercepte & falsifie les relations & prive les habitans de ces frontières multipliées des avantages auxquels ils étoient appellés.
Ces Etats fédératifs doivent avoir encore une constitution homogène, sinon la divergence de leur
existence politique, & l'inégalité de leur action
rend l'union imparfaite. Mais comment présumer
que toutes les petites nations qui occuperoient le

territoire

territoire de France ayant des mœurs déjà si différentes, malgré tous les liens qui les unissent, adopteroient & conserveroient la même forme de gouvernement ? il faut encore qu'un même intérêt
dirige toutes les portions de l'Etat fédératif ; car,
dans cette sorte d'état, le pouvoir coercitif est toujours si foible qu'il doit être supplée par la volonté
qui n'est que la conséquence de l'intérêt. Mais
les provinces occidentales de la France voisines de
la Grande-Bretagne, & les provinces orientales
voisines de l'Allemagne, les côtes de l'Océan &
celles de la Méditerranée ont des intérêts indépendans, souvent même opposés au moins pour l'emploi des forces & des fonds publics, & pour la concession de ces fonds suivant leur destination. Plusieurs des Etats fédératifs ne se conservent que par
l'avantage de leur situation, & la plûpart ne sont
que des anarchies méthodiques, constitutions ad-
mirables dans les livres, nulles dans la réalité.

Quand même les François, méconnoissant tout
ce qui les avertit qu'ils ne peuvent être républicains, auroient la malheureuse constance de vouloir toujours porter ce titre, ils ne tarderoient pas

à le perdre, malgré eux ; parce que la France
étant obligée d'avoir de grandes armées, ces armées étant souvent hors du territoire François,
les mêmes hommes devant, suivant les principes
actuels de la guerre, être longtemps sous les
armes, ces hommes prendroient l'esprit militaire
qui se concilie mal avec l'esprit civique, s'attache-
roient aux généraux auxquels ils devroient des
victoires, & ne tarderoient pas à reconnoître leurs
ordres de préférence à ceux de la république ; &,
avant un longtemps, un général républicain seroit
transformé en Roi ; & un Roi fait par l'épée est
funeste à la liberté, parce qu'il est intéressé à détruire les loix qui lui sont contraires, tandis qu'un
Roi légitime est intéressé à leur maintien, parce
qu'il régne par elles.   La république n'existe que
d'hier, & au milieu de l'enthousiasme républicain, elle a déjà plus d'une fois craint ses généraux. Quelle leçon pour l'avenir !

Si la France retourne à la Monarchie, doit-
elle préférer la Monarchie élective à la Monarchie héréditaire ? Le choix d'un Monarque est
tellement conforme aux lumières de la raison dans

la

la spéculation, il est si absurde de se donner un
chef suivant le hasard de la naissance, que si
toutes les nations, comme de concert, ont abandonné la méthode de l'élection pour adopter celle
de l'hérédité, c'est la preuve la plus forte qu'elle
est préférable ; l'existence de ce régime est la démonstration de sa bonté, & sur ce sujet encore
l'expérience subjugue le raisonnement. Que de
désordres & de maux produiroient en France l'in-
certitude de la vocation à la Couronne, l'intérêt
du Monarque séparé de l'intérêt de la Monarchie,
la mort d'un Roi changeant au moins la direction
& les agents du Gouvernement, sa vieillesse ou sa
maladie le dépouillant d'avance de sa puissance,
les efforts de ce Roi pour transmettre sa Couronne
à ses descendans, les efforts contraires d'une multitude d'ambitieux pour parvenir à la dignité suprême, efforts bien plus dangereux dans une nation qui connoît peu de limites dans ses désirs, &
chez laquelle un grand succès a quelquefois fait
oublier l'immoralité des moyens ; d'ailleurs, qu'il
seroit facile de porter à un choix vicieux une nation qui s'est souvent trompée dans son admira-

tion,

tion, & qui, par son enthousiasme pour les qualités brillantes, peut se donner le chef le plus dangereux pour elle par la supériorité même de ses
talens. Enfin, pendant le temps de la vacance de
la Couronne, en quel danger seroit l'Etat dépourvu
de chef, divisé par des parties intérieurs, & exposé
aux entreprises & à l'invasion des puissances for-
midables dont il est entouré ?

Ce n'est qu'avec répugnance que je considère
comme problématique s'il est expédient que la
couronne soit replacée sur la tête à laquelle elle
appartient ; & je voudrois pouvoir marquer à ma
nation mon respect, en rangeant une injustice &
un crime national dans la classe des actes impos-
sibles ; mais si les perfides auteurs de tant d'égaremens pouvoient encore étendre ici leur funeste
influence, qu'en résulteroit-il ? Un crime inutile,
qui produiroit des malheurs de plus. Pendant
un demi-siecle & peut-être pendant un beaucoup
plus longtemps, les mécontens auroient un point
de ralliement, & toute révolte auroit un motif
juste. Cette crise seroit-elle passée, l'usurpateur
& ses descendans pourroient avoir les mêmes préjugés, les mêmes prétentions qu'on peut supposer

à

à la maison regnante, & ils n'auroient pas l'avantage de la plus grande leçon que puissent recevoir
les Rois, l'adversité. En France, si le pouvoir
exécutif n'étoit pas confié à un seul, l'énergie &
la promptitude de l'action de ce pouvoir, ainsi que
le secret de ses opérations diminueroient en proportion du nombre de ses agens ; défaut essentiel
dans un Etat, qui, comme la France, est exposé à
des guerres fréquentes. Si les agens du pouvoir
exécutif ne sont en place que pour peu d'années,
le gouvernement d'une grande nation devient
l'école perpétuelle d'hommes qui cessent d'être
employés au moment où ils commencent à mériter de l'être, & comme la science de l'administration n'a été dans nul pays poussée plus loin qu'en
France, il faut un temps plus long pour s'en instruire, & il est plus pernicieux de se priver du service des experts dans cet art. De tout temps on
a observé en France qu'une entreprise dont l'exécution exige un certain nombre d'années réussit
rarement ; mais le succès serait plus rare encore
si l'exécution de l'entreprise étoit confiée à un
homme qui, y étant étranger en saisiroit moins

bien

bien l'esprit, quelquefois auroit des idées contraires, & toujours travailleroit pour la gloire de
l'inventeur ; ce nombre des déspositaires du pouvoir exécutif, la courte durée de leur emploi & la
connoissance de l'époque à laquelle cesseroient
leurs fonctions, donneroient aux puissances qui
traiteroient de grands intérêts avec un gouvernement ainsi organisé un avantage dont profiteroit
la tactique diplomatique. Ces vices de Constitution sont évidens dans la formation du directoire
actuellement existant (8).

De même qu'un corps représentatif de toute
une nation doit être composé de citoyens tirés de
toutes les provinces, il doit l'être de citoyens
tirés de diverses classes qui par le genre de leurs
professions, la nature ou la qualité de leurs propriétés, ont des intérêts différents ; si non chacun
de ces intérêts n'est point défendu, & la classe
prépondérante peut opprimer les autres par la voye
des loix ; événement à redouter, surtout dans un
grand Etat, ou des distinctions inévitables sont
établies par la différence des fortunes & des emplois ! D'ailleurs, plus un peuple est impétueux

dans

dans ces déterminations, plus il est important de murir le vœu national, en formant du corps législatif plusieurs divisions dont le suffrage soit pris séparément, & qui ne soient point influencées par le même esprit de parti, & par le même enthousiasme ; ces divisions fondées sur une inégalité d'âge, qui peut n'être que minutieuse, sont moins efficaces, que quand elles ont pour base les mœurs, les habitudes, l'esprit qui procedent nécéssairement de la différence des fortunes & des professions ; différence qui n'empêche point la réunion résultante des intérêts communs & de l'esprit pratriotique (9).

Le corps représentatif étant divisé en deux classes dont l'une a la proposition & l'autre le refus, chez un peuple avide de nouveautés, la classe dont la mission se borne à des refus sera nécessairement l'objet d'une défaveur populaire, telle, qu'après quelque laps de temps, ou cette classe sera décréditée, & peut-être destituée de ses fonctions ; ou, pour éviter ce discrédit & cette déchéance, elle sera obligée de fléchir dans ses principes. Enfin, chez un peuple romanesque dans ses idées, téméraire

raire dans ses entreprises, le corps des représentans
de la nation doit avoir le frein qu'il est le plus
important de donner à l'imagination, le frein de
l'expérience ; &, en fait de législation, l'expérience ne réside que dans le pouvoir exécutif ; il
faut donc que le pouvoir exécutif concoure à la
formation de la loi, & tant que ce concours
n'existera pas en France, le corps législatif ne sera
qu'une assemblée de spéculateurs, & les défauts
de la nation seront renforcés. Mais que le pouvoir exécutif réside entre les mains d'un seul puisqu'il ne peut-être, sans détriment de l'Etat social,
exercé par plusieurs ; que le dépositaire de ce
pouvoir exécutif concoure à la formation de la loi,
puisque, sans ce concours, il ne peut-être que
l'ouvrage de l'esprit de sistême, dès-lors, cet être
politique sera un Roi, tel qu'il doit être suivant la
Constitution de l'Etat.

Sous tous ces rapports, il est évident que les
nouvelles institutions ne se concilient point avec
les mœurs & les intérêts de la France ; & que les
anciennes institutions telles qu'elles devoient être
observées, étoient les seules qui pussent nous convenir ;

venir ; mais, quand même elles eussent été essentiellement vicieuses, le caractère François n'en
permettoit pas une suppression totale, encore moins
une suppression subite ; car si tous les peuples en
général sont soumis aux loix, moins parce qu'elles
sont sages, justes, légitimement consenties, que
parce que l'usage conduit à leur observation, ce
motif de soumission a toujours eu sur la nation
Françoise un plus grand empire, que sur toutes
les autres ; & en lui ôtant subitement ses opinions
religieuses & politiques, ses principes, ses loix,
ses sentiments, ses usages, ses formes, & tout ce
qui constitue ses liens moraux, on y a produit
un convulsion dont il n'existe d'exemple chez aucune nation ; & quelle plus forte preuve du délire
national, que l'admission d'une Démocratie en
France ?

La France une Démocratie ! quel homme fut
assez étranger à tout principe de droit public,
assez ignorant de notre histoire, assez inattentif
à tout ce qui existe, pour concevoir un tel projet ; aussi, quoiqu'en ayent publié les fondateurs
de la République Françoise, cet établissement n'est

Y

point

point l'exécution d'un plan médité, mais il a été amené par l'impulsion des événemens, & a été l'effet de la situation dans laquelle se sont trouvé personnellement les auteurs de la Révolution. Ils avoient offensé le Roi, & manqué de fidélité à leurs commettans ; ayant à craindre les peines encourues par leur forfaiture, pour s'y soustraire, ils ont assassiné le Roi & détruit les loix ; & un régicide a nécessité l'abolition de la Royauté. Telle est la généalogie de leurs erreurs & de leurs crimes. S'ils étoient interrogés, si la vérité pouvoit sortir de leurs bouches coupables, ils conviendroient que leur monstrueuse production ne peut subsister ; déjà même ils en ont fait l'aveu involontaire & authentique par les variations perpétuelles de leur système politique. L'hommage le plus décisif qui ait été rendu à la nécessité d'une Monarchie en France est émané de ses plus grands ennemis ; car tandis qu'étendant leur tyrannie jusques sur le sentiment, ils exigent un serment d'exécration de cette Constitution contre laquelle ils afficheroient moins de haine, s'ils en sentoient moins la nécessité, eux-mêmes y sont ramenés par

une

une force irrésistible, & leur Constitution actuelle
est, sous un autre titre, une Monarchie déguisée,
mais mal ordonnée, ayant les vices du despotisme
& de l'anarchie, & qui cessera le jour où la nation
revenue de sa frénésie ouvrira les yeux sur les
chaînes dont on la charge au nom de la liberté.
Quand arrivera ce jour ? pour l'amener, combien
faut-il qu'il soit encore versé de sang ? Combien
d'assassinats judiciaires & extra-judiciaires ? Combien de propriétés dévastées en vertu de la loi ou
indépendamment de la loi ? Combien de citoyens
doivent encore périr de faim & de misère ?
Enfin par quelle somme de maux la France doit-
elle être conduite à une dernière convulsion
qui, en les terminant toutes, chasse & punisse les
tyrans pour rendre à la nation un Roi tel qu'il
doit être suivant les loix, & tel que le bonheur
de la France exige qu'il soit ? L'événement est
certain, l'époque seule est incertaine ; mais la
France conservant son étendue, sa population, ses rapports avec ses voisins, ses moyens &
les qualités constitutives de ses habitans, il est
ordonné de par la nature que cet état soit une
Monarchie, & que cette Monarchie soit suscep-

                    tible

tible d'un juste équilibre de pouvoirs. Quélques soient les décrets de l'ignorance, de l'injustice, de la haine, & de la fureur, ce décret immuable doit être exécuté, & l'opposition qui y sera apportée ne produira qu'une prolongation de maux. Les tyrans de la France ne l'ignorent pas ; mais ils n'ont d'asyle que dans le régime vicieux qu'ils ont adopté ; hé ! que leur importent les malheurs de leur patrie, & l'avenir, pourvu que quelques momens de plus ils existent & ils régnent !

L'auteur du *Tableau de l'Europe*, après avoir nié l'existence de nos loix ; après avoir proposé la création d'une nouvelle Constitution Politique, pour en favoriser l'admission, peint l'ancienne sous des couleurs défavorables, & lui reproche singulièrement, *qu'il dépendoit entièrement de la volonté du Roi de maintenir* les loix *ou d'y déroger.* Ici, il ne s'agit plus de savoir s'il existoit en France une Constitution Politique, ni quelle elle étoit, ni quelle elle devoit être pour l'intérêt de la nation ; mais quelles infractions elle a éprouvé, & quels effets ont produit ces infractions.

Je sais combien le préjugé est défavorable au

régime

régime politique de la France ; & quoique ce
préjugé soit injuste, loin de m'étonner qu'il existe,
je m'étonnerois beaucoup plus qu'il n'existât pas,
quand tous les écrits qui ont paru sur cette matière ont déféré ce régime à la haine publique, &
ont été des libelles contre les loix ; quand aucun
écrit, non-seulement n'a défendu nos loix, mais
même ne les a fait connoître. Pour juger avec
équité une institution, il faut se rappeller le principe établi par le juge le plus éclairé des loix de
tous les Empires, qui, considérant du même œil
les malheurs résultans des institutions divines &
humaines, dit : " C'est mal raisonner contre la
" religion, de rassembler dans un grand ouvrage
" une longue énumération des maux qu'elle a pro-
" duit, si on ne fait en même temps celle des
" biens qu'elle a faits. Si je voulois raconter tous
" les maux qu'ont produit les loix civiles, la Mo-
" narchie, le Gouvernement républicain, je dirois
" des choses effroyables." Je vais donc mettre
dans la balance les biens & les maux qui ont résulté pour la France du régime politique qui y
étoit suivi ; & dussai-je contredire toutes les opinions & offenser tous les intérêts, sur cet article,

comme

comme sur les autres, j'oserai être juste ; du moins
mon intention est de l'être. Il n'est que trop
vrai que les loix de l'Etat n'ont pas obtenu en
France le respect qui leur est dû, & qu'elles ont
éprouvé de fréquentes & grandes infractions. Il
est inutile de faire remonter aux temps anciens
l'histoire des abus du Gouvernement, puisque l'existence de ces abus vers le temps de la Révolution
a seul pu la déterminer ; & si on traçoit l'histoire
du droit politique des Etats où la liberté est le
mieux établie, on verroit que les institutions qui
en forment aujourd'hui les bases, ont, pendant
longtemps, été illusoires (10). Les temps modernes, les temps même qui ont précédé la Révolution n'offrent encore qu'un tableau affligeant
d'abus, qu'il n'est ni possible de méconnoître, ni
juste de tolérer.

D'abord, le droit du citoyen le plus essentiel,
le droit de suffrage sur les loix & sur les impôts,
étoit tombé dans une espèce de désuétude, & la
Puissance Royale étoit dans l'usage d'ordonner
seule ce qu'elle ne pouvoit ordonner qu'avec le
concours des représentans de la nation.

Ce

Ce droit essentiellement appartenant à la nation sembloit transporté aux tribunaux ; & encore la liberté de leurs suffrages avoit été enfreinte par des Lits de Justice.

Les loix, les réglemens, les décisions générales du Roi, qui devoient être délibérées au conseil, & qui faisoient mention de l'avis du conseil, souvent n'y étoient point portées, &, sur plusieurs matières, ce mensonge légal étoit devenu habituel.

Quelques membres du clergé, par la réunion de plusieurs titres de bénéfice sur une même tête (11), par le défaut de résidence, & par l'emploi qu'ils faisoient des biens ecclésiastiques contrevenoient aux loix de l'Etat, & à l'esprit de ces loix. Une partie de la noblesse avoit une origine peu analogue à l'objet de son institution ; & les services qu'elle devoit rendre n'avoient pas été exigés depuis longtemps (12).

Les exemptions d'impôts accordées aux deux premiers ordres étoient sanctionnées par les loix de l'Etat, mais n'étoient pas le genre de récompense qui devoit payer leurs services.

Des

Des commissions criminelles composées de
juges arbitrairement choisis pouvoient faire trembler l'innocence, au moins pour son existence.

Ces actes d'autorité, qui, sans accusation, &
sans jugement privoient de la liberté, étoient des
infractions de la sureté du citoyen.

Les Cours de Justice dont la stabilité étoit
d'autant plus importante, que, dans l'absence du
corps national, elles étoient le seul défenseur de
la nation, avoient été supprimées & remplacées par
des corps de magistrature, qui n'avoient point la
confiance publique ; &, depuis leur rétablissement,
des innovations avoient été tentées sur les objets
les plus essentiels de leur jurisdiction.

Mais c'étoit en fait de finance que les loix de
l'Etat avoient reçu de plus fortes infractions ; des
impôts avoient été établis sans le consentement de
la nation ou de ses représentans.

Des impôts avoient été perçus après l'époque
fixée par le Gouvernement pour leur cessation.

Des impôts, foibles dans leur origine, avoient
eu une excroissance prodigieuse & irrégulière ;

une

une partie des impôts portoit plus sur la classe indigente que sur la classe riche.

Les impôts étoient répartis entre les provinces
sans notion exacte de la force de la contribution
qu'elles devoient supporter.

Quelquefois il y avoit eu sujet de soupçonner
que la résistance à l'établissement des impôts en
avoit fait alléger le poids ; ensorte que le défaut
de patriotisme étoit devenu le motif d'un traitement avantageux.

Quelques provinces avoient obtenu des abonnemens d'impôt ; & ces abonnemens étant toujours avantageux, c'étoit une faveur partielle qui
tournoit au préjudice des autres provinces.

Ces abonnemens restant toujours au même taux,
& les provinces, non abonnées étant sujettes à des
vérifications qui augmentoient annuellement le
produit de l'impôt, c'étoit encore une autre
source d'inégalité.

Des impôts qui devoient être répartis par les
contribuables étoient répartis par les officiers du
Roi, ou même par ses commissaires.

Les

Les Rois s'étoient établis juges en leur conseil de quelques contributions.

Des commissions avoient été établies pour juger d'affaires fiscales dont la connoissance appartenoit aux tribunaux.

Les dettes qui grevoient la nation avoient été contractées sans le consentement de la nation.

Les emprunts auxquels les Cours de Justice avoient donné un consentement qu'elles n'étoient pas en droit de donner, avoient été excédés par une infidélité qui trahissoit tout à la fois les tribunaux dont les jugemens devenoient illusoires, les créanciers de l'Etat qui avoient des concurrens dont ils ignoroient l'existence, & la nation dont les charges étoient augmentées à son insçu.

La dépense n'étoit fixée sur aucun objet, par aucune loi.

Les fonds destinés aux dépenses personnelles du Roi, aux dettes de l'Etat, & aux dépenses du Gouvernement, n'étoient distingués que par un acte particulier & secret de la volonté du Roi.

Les dépenses personnelles de nos Rois avoient été portées à des sommes excessives ; quelques dettes

de

de l'Etat avoient un assignat spécial qui avoit été éludé ; le Roi pouvoit à son gré hâter ou retarder le payement de diverses parties de dépense.

Dans le traitement des gens de guerre, la somme employée à celui des officiers, étoit presque aussi forte que celle employée au traitement des soldats.

Presque tous les employés du Gouvernement à quelque titre que ce fut, avoient une solde excessive, surtout dans un pays où l'honneur devoit être la récompense, ou unique, ou du moins principale des services rendus à l'Etat.

Les pensions avoient été portées à une somme fort supérieure à celle admise dans les autres Etats de l'Europe, proportion gardée des revenus.

Tels étoient les faits dont la nation avoit juste sujet de se plaindre ; & si l'existence de ces abus étoit un tort du Gouvernement, la possibilité de leur existence étoit un tort de la Constitution de l'Etat.

Nombre de libelles ont été publiés contre le Gouvernement de France ; aucun de ceux que j'ai connus n'a donné un récensement aussi exact & aussi méthodique des griefs de la nation ; j'ai

cru

cru que dans un compte que j'ai l'honneur de rendre à Votre Majesté, il ne seroit pas digne d'elle, & puisqu'il s'agit de respect pour la vérité, qu'il me soit permis d'ajouter, qu'il ne seroit pas digne de moi, que les faits fussent présentés avec réticence, ou avec dissimulation. Mais plus j'ai prouvé de sincérité dans cet exposé, plus je puis espérer obtenir de confiance dans mes obser-vations.

D'abord je pourrois remarquer que plusieurs des abus existans dans le Gouvernement de France sont des irrégularités plus que des vexations ; que plusieurs pouvoient trouver quelqu'excuse dans l'utilité qui en résultoit ; que la plûpart n'étoient plus ce qu'ils avoient été autrefois, & que le souvenir de leur ancien caractère ajoutoit à la difformité de leur caractère actuel ; enfin je pourrois observer à l'aspect de l'Europe, & plus encore du reste de l'univers, que si on soumettoit à une inspection aussi exacte & aussi rigide le régime des autres Etats, on trouveroit dans quelques-uns des injustices plus repréhensibles ; dans tous, une excuse de celles existantes en France ;

& dans

& dans tous les temps, la sagesse des conventions politiques se réduisant à établir quelqu'ordre, faire un échange de biens & de maux, & opérer une compensation plus ou moins avantageuse de malheurs de divers genres ; on verroit le frein donné au Gouvernement affoiblissant son action ; une plus grande discrétion dans les moyens de s'assurer des coupables, produisant l'impunité des crimes, & ainsi énervant la protection due au citoyen par les loix ; les Républiques ayant leur ostracisme, comme les Monarchies ont leurs lettres de cachet ; des impôts qui ne sont pas exigés par autorité, obtenus par séduction, & la corruption remplaçant la violence ; dans les pays les plus libres, des institutions évidemment vicieuses, plus défendues par les intérêts particuliers & plus protégées par l'usage, que dans les pays où la puissance du Gouvernement est le plus prépondérante ; la répartition des charges de l'Etat souvent plus inégale, & l'emploi de la fortune publique ne portant pas moins le caractère de profusion ; partout la liberté achetée par le défaut de tranquillité & une fluctuation inévitable entre le despotisme & l'anarchie.

l'anarchie. Tout nous ramène à la sentence terrible prononcée par Montesquieu : " Sur les Mo-
" narchies & sur les Républiques on peut dire
" *des choses effroyables*." Mais indépendamment
de ces considérations générales, c'est dans nos
institutions même que nous devons puiser le jugement à porter sur notre Gouvernement.

Qui de nous peut méconnoître tout ce que le
titre de François doit à la Puissance Royale ? c'est
cette puissance qui a défendu qu'aucun François
fut dans l'état de servitude, c'est elle qui les a réunis en corps de Communes, c'est elle qui les a
tous appellés à donner leur suffrage sur les intérêts généraux ; en brisant le joug féodal, elle a
réellement créé la nation ; ce n'est qu'en formant
des hommes & des citoyens qu'elle a acquis des
sujets, & nos Rois ont rendu à la nation les plus
grands services qu'un homme puisse rendre à une
nation, lors même que nous critiquons l'excès de
cette puissance. Il ne faut pas perdre de vue ce
que nous ont valu ses progrès, &, en lui repro-
chant l'infraction des loix, on ne doit pas dissimuler

que

que c'est d'elle que nous tenons nos loix les **plus** bienfaisantes.

Il est peu de nations qui puissent se vanter d'a-voir produit des Rois aussi magnanimes & aussi bons que les nôtres. En bornant mes observations à ceux de la troisième race, j'en trouve un grand nombre illustrés par des titres déférés par l'admira-tion & la reconnoissance nationales. L'un d'eux obtint le surnom d'Auguste ; deux d'entr'eux, par leur grand courage, ont mérité le surnom de Cœur de Lion & de Hardi. L'église a consacré le nom de l'un d'eux également respectable par ses vertus religieuses & profanes. Un d'eux a été nommé le Sage par excellence ; un autre a été nommé le Père du Peuple ; un autre, le Père des Lettres. De-puis que la branche des Bourbons est montée sur le trône deux de nos Rois ont obtenu le titre de Grands. Je ne rappelle ici que les titres déférés par la justice de la nation, confirmés par l'Europe & par la postérité. Parmi les Rois de cette troisième race aucun n'a été ni aussi despote ni aussi cruel que plusieurs de ceux qui ont souillé les autres trônes, même dans ce seizième siècle, époque

de

de la civilisation Européenne. Rome a eu un Alexandre VI., le Dannemark un Christiern, l'Angleterre un Henry VIII. ; dans le quartorzième siècle l'Espagne avoit vu regner en même temps en Navarre Charles II. dit le Mauvais, en Castille Pierre I. dit le Cruel, en Arragon Pierre IV. non moins cruel que le Roi de Castille (13), jamais aucun de nos Rois n'a eu & n'a mérité ces noms flétrissans pour la Couronne. Charles IX., à peine sorti de l'enfance en 1572, n'a point entraîné ses sujets au massacre commis en cette funeste année ; il y a été entraîné par eux ; & eux-mêmes ont été égarés par l'esprit de ce siècle, qui dans tous les pays fit commettre tant d'assassinats religieux & nationaux. Louis XI. & Louis XIII., en rendant ce dernier Roi responsable, comme il est juste, de ce qu'a fait en son nom le Cardinal de Richelieu ; ces deux Rois dénoncés comme auteurs des plus grands abus de la puissance royale, méritent peut-être moins la haine du peuple, que le peuple ne le pense. Dans ces temps nombre d'échafauts ont été dressés ; mais quel sang y a coulé ? un sang noble, le sang d'hommes qui

étoient

étoient tout ensemble les ennemis du trône &
du peuple ; le sang du peuple a été épargné ; &,
sous ces régnes terribles, suivant tous les historiens qui ont observé le sort de la nation, ses
dernières classes ont été moins malheureuses qu'elles ne l'avoient été sous les régnes précédens (14).

Mais c'est dans les temps qui ont précédé la
Révolution, que doit être observé plus particulièrement l'état du Gouvernement de France, comme
cause, prétexte ou occasion des événemens. Depuis environ quarante années, il étoit survenu en
France de grands changemens dans l'esprit public (15) ; une raison perfectionnée & étendue à
toutes les classes de la société, avoit créé une
morale nationale, & introduit l'amour de l'ordre
& de l'équité, bases de tout gouvernement juste ;
la liberté avoit acquis un défenseur qui croissoit
& se fortifioit journellement, & qui, sans avoir
une consistance déterminée, n'en avoit pas moins
d'énergie ; ce défenseur étoit l'opinion publique,
genre de puissance qui commande aux hommes
même qui commandent aux autres, & a plus ou
moins d'empire, selon que les nations sont plus ou

A a   moins

moins communicatives. L'opinion publique ré-
primoit en France les entreprises injustes du gouvernement, & flétrissoit les ministres qui en
étoient les auteurs ; & l'ascendant qu'elle avoit
acquis, eut été un bonheur pour la France, si elle
se fut bornée à la conservation des mœurs publiques & à une simple action de résistance, & si elle
ne se fut pas ingérée à devenir le guide du gouvernement dont elle ne devoit être que le censeur.
On a vu l'opinion publique ordonner de la paix
& de la guerre ; dicter aux magistrats des arrêts,
& quelquefois faire casser les arrêts qu'elle avoit
dictés ; placer & déplacer des ministres ; leur
donner des plans d'administration, & ensuite les
punir par le mépris d'avoir eu la foiblesse de lui
obéir. Quand on considère combien de fois le
Gouvernement de France, sous les deux derniers
régnes, a transigé avec le public, avec les Etats
provinciaux, avec le clergé, avec les cours de
justice ; combien de fois, vaincu par leur résistance, le gouvernement a renoncé à ses desseins
& rétracté ses ordres ; combien cette résistance a
obtenu de sacrifices, même d'opérations sages,

justes,

justes, utiles ; on ne conçoit pas que l'auteur du *Tableau de l'Europe* se soit permis de dire que le sort des loix ne dépendoit uniquement que de la volonté du Roi. Si ce n'étoit pas une espèce d'impiété de faire quelque reproche à un Prince qui même en ne le comptant pas parmi les grands Rois, n'en est pas moins le modèle des hommes vertueux, on pourroit dire que la nation a moins à se plaindre de l'usage que Louis XVI. a fait de sa puissance, que de ce qu'il n'en a pas fait usage ; & dans la vérité, avant que la Constitution de l'Etat fût républicaine, sous beaucoup de rapports, il s'en falloit peu que le gouvernement ne le fût devenu. Cependant au milieu de ce désordre & de tant d'effets divers & opposés, le gouvernement avoit éprouvé une grande amélioration ; ses principes étoient devenus plus justes, ses procédés étoient plus réguliers, ses opérations étoient dirigées avec plus d'intelligence.

Les commissions criminelles sembloient disparues depuis la honteuse célébrité de la commission établie contre M. M. de la Chalotais, & sa conclusion en 1776, aussi extraordinnaire, que l'origine & l'instruction de ce procès (16).

A a 2

Sous

Sous le regne de Louis XVI les lettres de cachet étoient devenues beaucoup plus rares ; ces voyes d'autorité n'étoient le plus souvent que la sanction de la puissance paternelle trop foible dans nos mœurs ; le plus souvent ces voyes extrajudiciaires étoient l'effet de l'indulgence plus que de la rigueur, & elles avoient été régularisées autant que peut l'être ce qui est irrégulier par sa nature (17).

Les concessions du gouvernement qui formoient une propriété personnelle, ou même héréditaire de l'exercice de facultés industrielles ou commerciales, qui devoient appartenir à toute la nation, avoient été supprimées ou réduites à des termes limités, étoient devenues la juste récompense de l'invention.

La nature des impôts avoit été plus sainement jugée ; le gouvernement lui-même avoit censuré & flétri les impôts injustes, & en avoit promis la suppression, (18) un impôt qui grevoit principalement les classes indigentes de la nation, & qui pendant long-temps avoit été presque continuellement augmenté, avoit enfin été fixé à une somme certaine. (19) Ce même impôt, vicieux en

ce

ce que dans la plus grande partie du Royaume il étoit personnel, avoit été réalisé par un cadastre ingénieux, qui, mobile suivant la variation des produits, étoit cependant fixe dans ses principes de proportion du taux de l'impôt, avec l'objet imposable.

Tous les droits fiscaux étoient beaucoup mieux entendus, & une industrie financière remplaçant l'ancienne rigidité, avoit soulagé le contribuable, & cependant augmenté les produits.

Dans presque toutes les parties de l'administration, la France étoit aussi supérieure aux Etats de l'Europe les plus renommés pour leur gouvernement, que ces Etats pouvoient lui être supérieurs dans d'autres parties d'ordre public ; ce qui prouve que nul Etat comme nul individu n'a droit de mépriser.

Le sort d'un Etat, après un long espace de temps, forme la meilleure apologie ou la plus forte censure de sa Constitution ; car, quoique le courage & la tactique décident du succès d'une bataille, d'une campagne, d'une guerre ; quoique les opérations ministérielles influent

plus

plus directement sur la prospérité de l'Etat que ses loix constitutives; quand, malgré la vicissitude des événements, malgré le changement de Rois & de ministres, l'inégalité de leurs talens & de leurs caractères, de siècle en siècle l'Etat s'agrandit, se fortifie, prospère, & le sort des citoyens s'améliore, ces succès constans & continuels ne peuvent être attribués qu'à la bonté de la Constitution, l'action du gouvernement & de l'administration n'étant que la conséquence des loix qui les constituent ; or, depuis la troisième race de nos Rois, la France a toujours reculé ses limites, & dans les traités de paix désavantageux, elle n'a perdu que des conquétes ; depuis que Henry IV. est monté sur le Trône il n'est point de règne qui n'ait valu à la France une augmentation de territoire & de population ; & les quatres règnes qui ont précédé celui de Louis XVI. ont accru l'Etat d'environ quatre millions d'habitans. (20) Augmentation d'autant plus intéressante, qu'elle n'est point une excroissance désordonnée, mais un sage & utile arrondissement qui procure à l'Etat une forme régulière

lière & avantageuse, couvre son intérieur, &
lui donne des barrières naturelles, ou le moyen
d'en former d'artificielles. Enfin une observation
qu'il ne seroit pas juste d'omettre dans un exposé des causes de la prospérité de la France,
est, que la plus grande partie des acquisitions
qu'a fait l'Etat n'est pas due seulement à la bra-
voure Françoise, & à la politique de nos Rois,
mais à leurs droits héréditaires ; ensorte que si
la France n'eut point eu de Rois, elle n'eut jamais acquis l'heureux arrondissement qui forme
sa sureté, sa richesse, & sa force.

Les guerres civiles sont après l'anarchie le plus
grand des fléaux humains, & la France est un
des Etats de l'Europe qui s'en est le moins res-
senti.

Dans le long espace de temps qu'ont duré les
deux règnes de Louis XIV. & de Louis XV.
l'ennemi n'a pénétré que momentanément dans
le royaume & n'a entamé que quelques frontières.

Les quatorze premières années du règne de
Louis XVI. sont depuis les quatorze siècles qu'a
duré la Monarchie Françoise, le temps où la

masse

masse de la nation a joui d'un plus grand bonheur. A l'époque de la Révolution, dans un cercle autour de la capitale d'environ quatre-vingt lieues de diametre, il y avoit près de cent quarante ans qu'on n'avoit entendu tirer un coup de fusil que pour des réjouissances. La personne, la propriété du citoyen, sous l'inspection de la police la plus vigilante, étoient dans la plus grande sureté. La population étoit considérablement augmentée, & augmentoit annuellement. La culture faisoit des progrès continuels, & les terres étoient travaillées avec plus d'art & de soin. Le genre de produit territorial dont l'Etat retiroit les plus grands avantages, la vigne s'étoit prodigieusement propagée. Les manufactures étoient multipliées ; leurs procédés s'étoient perfectionnés, & des genres d'industrie nouveaux s'étoient formés. Le commerce ne prospéroit pas moins ; de nouveaux débouchés avoient été ouverts, la plûpart des anciens étoient devenus plus productifs. L'importation & l'exportation coloniales avoient une augmentation périodique, & nos ports contenoient plus de navires François qu'il n'y en avoit jamais existé. (21)

Ces

Ces sources de richesse ne pouvoient exister sans que l'état du citoyen fût amélioré. Si les dernières classes du peuple étoient toujours dans une situation dont devoit s'affliger un ami de l'humanité, du moins leur existence étoit beaucoup moins malheureuse qu'elle n'avoit été anciennement, la classe indigente avoit plus que dans les temps précédens les moyens de pourvoir à ses divers genres de besoins phisiques, ses alimens étoient meilleurs. Dans presque toutes les provinces, les anciens habitans des villages attestoient, même, en se plaignant suivant l'usage de la rigueur du temps actuel, qu'un plus grand nombre d'habitans mangeoit du pain de froment & de la viande, ou en mangeoit plus souvent.

L'usage des boissons fermentées étoit plus général; (22) moins de maisons étoient en ruine; celles nouvellement bâties étoient plus grandes ou plus commodes & mieux distribuées; & elles étoient pourvues de meubles inconnus à la pauvreté des pères; (23) les vêtemens étoient meilleurs & plus propres à garantir du froid (24). Si les impôts étoient considérablement augmentés,

B ble

Le prix des denrées & des marchandises étoit augmenté dans une proportion beaucoup plus forte,
& la masse des produits étoit aussi accrue. Ainsi
les charges de l'Etat, quoique nominativement
plus fortes, l'étoient moins dans la réalité; la
preuve en est que les recouvremens étoient plus
prompts, & le nombre des contraintes étoit moindre. (25)

Surement les regards paternels de VOTRE MA-
JESTÉ se porteront avec quelque complaisance sur
ces détails qui prouvent l'amélioration du sort de
ses enfans. Certes elle n'étoit pas si vicieuse ni si
méprisable cette constitution par laquelle, ou,
sous les auspices de laquelle, la nation avoit été
préservée des fléaux qui avoient affligé la plûpart
des autres nations, & avoit joui au moins sous
beaucoup de rapports des plus grands biens que
puisse procurer l'état social.

Si on compare le sort de la nation dans diverses
situations, soit lorsqu'elle a été le plus gênée dans
l'usage de ses droits, soit lorsqu'elle en a eu un
exercice plus libre, on reconnoîtra qu'elle a moins
souffert des injustices du Gouvernement, que des

moyens

moyens employés pour les réprimer, lorsque ces moyens ont été ceux de la force ; & qu'elle a eu moins sujet de se plaindre de ses Rois, que des chefs de factions, excepté le temps des dissentions religieuses qui, suivant les apparences, ne causeront plus de troubles dans l'Etat ; les maux résultans de l'oppression, consistoient dans l'exaction de contributions excessives, & dans des vexations relatives à des intérêts d'argent, tandis que les maux qui ont résulté des insurrections, ont été des contributions supérieures à celles qui existoient auparavant la destruction des produits de la terre ; quelquefois des atteintes plus fortes à la propriété & à la liberté, que celles contre lesquelles on réclamoit, & toujours l'effusion du sang humain ; on observera surtout que la nation a toujours acheté chèrement ses avantages, & que souvent elle n'est sortie de l'oppression, que pour tomber dans l'anarchie. Aussi, tout homme sage, tout ami vrai & éclairé du peuple François, lui conseillera de chercher la réparation des griefs qu'il peut éprouver, dans ses loix qui ne peuvent être invoquées constamment & sagement sans être écoutées, surtout quand cette réclamation sera faite par ses représentans ; & il lui conseillera même de tolérer des injustices plutôt que d'en obtenir la réforme par de grands changemens qui entraîneroient un ordre de choses dont il n'est pas donné à l'esprit humain de prévoir tous les effets.

Qu'on ne me reproche point d'être ici le fauteur du despotisme ; je ne parle que d'après l'histoire, d'après les faits qu'elle rapporte, les conseils qu'elle donne, les conséquences qu'en ont tiré les hommes les plus éclairés en matière de gouvernement ; & je ne sache pas qu'il existe de loi qui, pour l'honneur de la démocratie, fasse du mensonge un devoir de citoyen, comme on en a fait un de l'abnégation de tout sentiment de la nature, de la bonne foi, & de l'amitié. Cependant je ne me permettrois pas de diminuer, même par le récit de faits vrais, l'horreur de la tyrannie, & de porter mes concitoyens, par la crainte du malheur, à tolérer le joug du despotisme ; mais c'est pour l'intérêt même de la nation que je démontre combien elle a été abusée dans les objets de son attachement & de sa haine, combien elle a été exagérée

gérée dans des sentimens justes, comme on l'a
trompée cruellement en lui faisant considérer l'insurrection comme un devoir.

Il existe des loix ; & c'est d'elles que le citoyen
doit attendre le maintien de sa liberté, &, en effet,
de tous les abus dont la nation peut se plaindre,
il n'en est aucun qui soit autorisé par les loix. Si
le citoyen a éprouvé injustice, cette injustice n'a
pas procédé de la disposition des loix, mais de
leur inobservation ; & l'imperfection de la Constitution consiste, non en ce qu'elle a ordonné,
mais en ce qu'elle a omis. Que si quelques anciennes institutions, comme l'exemption personnelle
de quelques impôts, dont le sacrifice a été offert,
pouvoient exiger la réforme, les moyens en étoient
tracés par les loix. Ainsi il n'existoit ni motif
ni prétexte pour détruire l'ancienne Constitution,
&, loin d'y porter atteinte, il ne falloit que la ci-
menter, & en assurer le maintien par des dispositions accessoires.

Une seule mesure manquoit pour assurer la
stabilité de nos loix, c'étoit la stabilité des assemblées de la nation, genre de droit dont l'existence

ou

ou la non-existence, le maintien ou l'infraction, décident de la liberté de tous les Etats. En effet, si on porte ses regards sur toutes les nations de l'Europe, on les voit plus ou moins libres, selon qu'elles ont le droit de s'assembler, ou qu'elles en sont privées ; & si on considère la France, on peut observer que l'époque où le droit national a été à un plus haut période est le temps où les assemblées de la nation ont été le plus fréquentes (26) ; & il ne faut point oublier, qu'en présence de ces assemblées, les loix ont été respectées, & que leur absence a été la cause, le motif·ou le prétexte de l'infraction des loix ; si on entre dans l'examen de l'intérieur du Royaume, celui des trois ordres dont les prérogatives avoient reçu le moins d'infraction, étoit celui qui avoit sçu se maintenir dans le droit de s'assembler ; & celles des provinces qui avoient conservé leurs Etats étoient celles où le droit national avoit le moins perdu de son intégrité ; que si ces assemblées constantes des représentans d'une province ont suffi pour qu'elle ne perdit pas ses droits, combien ce moyen est plus puissant encore entre les mains

de

de la totalité de la nation, lorsque chaque citoyen que le Gouvernement voudroit faire servir à une contrainte injuste, ne pourroit s'y employer, qu'en agissant contre ses propres intérêts.

Parce que, dans les temps anciens, la nation n'a pas tiré des assemblées de ses représentans tout le fruit qu'elle devoit en attendre, ce n'est pas un motif pour croire, qu'elles ne seroient pas aujourd'hui plus utiles ; anciennement ces assemblées se sont presque toujours tenues à une grande distance de temps les unes des autres, ensorte qu'à chaque tenue d'Etats, les députés faisoient un apprentissage des droits & des devoirs de la représentation nationale. D'ailleurs, anciennement on n'avoit que de foibles notions de l'ordre social, & des principes de l'organisation des sociétés ; mais aujourd'hui on a plus à craindre l'exagération que le défaut d'idées.

C'est donc un principe indubitable, que la continuité, ou la périodicité fixe de la tenue de l'assemblée des représentans de la nation, doit être assurée par les loix ; mais une loi est bien foible quand l'exécution n'en est garantie que par la

justice

justice de ses dispositions, & que le Gouvernement a un grand intérêt à la transgresser. L'intérêt même du Gouvernement doit donc être la caution de l'exécution de la loi. Que l'assemblée des représentans de la nation ne soit plus formidable au Gouvernement ; qu'au contraire elle lui soit ou avantageuse ou nécessaire, & la stabilité de cette assemblée est assurée.

Depuis que la religion, par le progrès des lumières, a cessé d'être le motif ou le prétexte des guerres entre les Etats, & des attentats entre les individus ; depuis que les mœurs adoucies ont banni des sociétés civilisées les injustices & les violences sans objet, il n'existe plus qu'un sujet de division politique, c'est la propriété, ou, pour parler le langage du commerce & des Gouvernemens, c'est l'argent, signe & gage de la propriété. L'argent est le premier des intérêts, & le plus fort des agens dans la lutte des nations, &, dans l'intérieur de chacune d'elles, c'est encore le plus puissant des ressorts, & l'objet pour lequel ces ressorts sont mis en mouvement ; c'est pour obtenir l'argent que les Gouvernemens oppriment ; c'est

pour

pour le défendre, que les peuples se portent à l'insurrection ; c'est souvent par la corruption des représentans du peuple, que les Gouvernemens parviennent à faire exécuter leurs volontés ; & ainsi, c'est par l'argent qu'on obtient l'argent ; c'est par des besoins d'argent que la France a péri ; & quels que soient les reviremens par la transmission du produit des impôts exigés du citoyen comme contribuable, entre les mains du citoyen comme créancier, tout Etat qui est grevé d'une grande dette, porte en lui-même un germe de destruction.

Ainsi la finance étant aujourd'hui l'élément de tout Gouvernement, c'est par elle que la stabilité de l'assemblée de la nation doit être assurée (27).

Si la finance est l'élément du Gouvernement, la dépense est l'élément de la finance ; cette partie commande à toutes les autres, nécessite les impôts & les emprunts, ou en dispense ; & réformer les abus dans la dépense, est le moyen le plus sûr, & peut-être le moyen unique de rectifier toute la finance. Ainsi, le germe du désordre des finances, le motif des injustices du Gouvernement, la cause

de

de la subversion de l'Etat, seroient déracinés, si la destination des fonds publics étoit sagement ordonnée (28). Il sera donc nécessaire de déterminer par une loi concertée avec les représentans de la nation, & qui ne seroit révocable que par leur consentement, si les fonds destinés à l'acquit des dettes de l'Etat ou de ses charges, ou à la représentation personnelle du Roi, ne doivent plûs être confondus; si chaque année les fonds des divers départemens doivent être assignés par le concours du Roi & de la nation; si par la même voie, la subdivision de ces fonds doit être faite dans chacun de ces départemens outre la solde des agents employés par le département, le traitement des administrateurs; si le nombre des emplois & le traitement de chacun d'eux devra être déterminé; si tout achat de matériaux, si toute confection d'ouvrages sera, lorsque l'objet en est susceptible, réglé par devis & adjugé par enchères; si la somme annuelle des pensions sera déterminée avec distribution par départemens, le taux le plus haut de chaque grade étant limité & une pension n'étant plus un don qui accroisse la

fortune,

fortune, mais un secours accordé aux besoins de l'homme qui a bien mérité de l'Etat ; s'il doit être permis d'avoir deux traitemens ou deux pensions, ou traitement & pension ; si le montant des dépenses secrettes doit être déterminé, & si la réalité doit en être attestée par le serment du ministre ; si chaque ordonnateur ne peut donner d'ordres ; si chaque comptable ne peut les exécuter que conformément à la destination légale, sous peine de responsabilité ; si la dépense de l'Etat doit être annuellement rendue publique, & si d'autres dispositions conséquentes à celle-ci, doivent déterminer toutes les parties de la dépense publique.

Toutes ces dispositions peuvent être considérées comme des mesures d'administration & le sont en effet ; mais si ce qui précédemment dépendoit seulement de l'administration, étoit attribué à la législation ; si tout emploi d'argent étoit tellement déterminé, que la puissance du gouvernement fût bornée à choisir dans la classe des personnes désignées par la loi, celles qui doivent recevoir traitement ou récompense, les ministres n'auroi-

ent

ent plus aucun motif pour porter le Roi à une augmentation abusive de la recette par les impôts ou par les emprunts, puisqu'ils n'auroient plus dans une dépense arbitraire des moyens d'abuser ; & dès-lors le gouvernement n'ayant plus à craindre l'inspection & les contradictions des représentans de la nation, n'en redouteroit plus & n'en fuiroit plus la présence ; ainsi ces détails prennent un caractère d'une haute importance, & deviennent le ciment de tout l'ordre public.

Dans un tel régime, toute vexation est prévenue par la fixation & la modération & des charges de l'Etat & des charges de chaque citoyen, ce qui pour la plus grande partie de la nation, forme le seul terme d'appréciation de la bonté de la Constitution ; car la très-grande majorité des citoyens n'est pas en état de juger de la juste combinaison des pouvoirs législatif & exécutif, & n'entend pas même les termes de cet algébre politique ; ils jugent la Constitution de l'Etat par ses effets, génre d'estime qui n'est pas le plus fautif ; & cette Constitution est préférable à leurs yeux, qui leur donne la plus grande sureté de leurs personnes & de

leurs

leurs biens avec le moindre sacrifice possible du produit de leur sol & de leur travail à l'intérêt général; or, ces avantages sont obtenus quand la dépense est fixée par la loi, & quand l'ordonnateur de la dépense n'en est plus le législateur sans contradiction; ainsi, quand l'assemblée de la nation au lieu d'ordonner despotiquement de tout genre de dépense, soit par elle, soit par ses commis nommés directeurs ou ministres, consentira seulement & surveillera la dépense, alors les bases de la finance & avec elles les bases de la Constitution de l'Etat sont assurées.

Mais de toutes les mesures d'exécution à prendre pour rétablir l'ordre public en France, la plus nécessaire, la plus juste, la plus instante, la plus efficace, celle qui peut-être peut suppléer toutes les autres, & qu'aucune autre ne peut suppléer, c'est le rétablissement de la religion & des mœurs.

Puisque dans ce siècle, une fausse sagesse a dénoncé la religion à l'opinion publique comme la source d'une grande partie de nos maux; puisque les républicains François l'ont tantôt proscrite, tantôt insultée & prostituée, & l'ont au moins énervée, lors même qu'ils lui ont été le moins

con-

contraires, il devient nécessaire de retracer ici
ses droits à notre reconnoissance ; il faut répéter
ce qui n'eut jamais dû être méconnu, que la religion est le grand bienfaiteur de l'humanité ;
que, par la perspective d'une vie à venir, elle af-
foiblit ou même annulle le sentiment des maux de
l'humanité, & qu'en France, elle a fondé & doté
tous les asyles ouverts à la misère & à la douleur ;
que la religion est la seule morale du plus grand
nombre des hommes ; & que pour tous, elle est
le sceau & la consécration de tout ce que nous
rendent cher & repectable la nature & les conventions, les titres de père, de fils, d'époux, de citoyen,
de sujet, de Roi ; enfin, que la religion est le
complément de l'état social ; que ses récompenses
& ses peines sont bien supérieures à celles que
décernent les loix ; & que pénétrant où ne peut
atteindre la puissance humaine, elle enchaîne le
sentiment & la pensée.

Mais si toutes les religions sont les bases de la
société, la religion Chrétienne, & particulièrement
la religion Catholique, a des moyens plus efficaces
pour opérer le bonheur de la France ; & le mé-

pris

pris des républicains François pour toute espèce
de religion, & leur haine ou du moins leur indif-
férence pour la religion Catholique qui nous a été
transmise par nos pères, & dont la croyance a
commencé en nous presqu'avec notre existence,
sont une preuve de plus de la fausseté de leurs vues
politiques. Tant que l'irréligion subsistera en
France, il y existera un levain d'anarchie ; & si
la religion Catholique n'est pas la religion domi-
nante, toute autre religion qui lui sera substituée,
sera en contradiction avec le caractère national.

Les institutions Catholiques conviennent à la
nation Françoise sous une infinité de rapports
temporels. Des dogmes métaphisiques & abs-
traits conviennent à un peuple ingénieux ; une
religion qui exige les plus grands sacrifices d'une
raison orgueilleuse, & dans laquelle l'assemblée
des ministres des autels juge la foi avec un caractère d'infaillibilité, convient à un peuple d'une
imagination souvent désordonnée & avide de
nouvelles opinions. Un peuple dont la vivacité
& l'impétuosité doivent être contenues, a besoin d'une religion réprimante, & qui ait beau-

1   coup

coup de préceptes. Un peuple qui s'égare facilement & se repent de même, est fait pour une
religion indulgente, toujours prête à oublier & à
pardonner quand il existe aveu & repentir ; une
religion qui par une multitude de cérémonies &
de rites pieux, rappelle la présence de la Divinité,
est nécessaire à un peuple frivole & léger ; une
religion dont le culte est pompeux, & qui fait
servir tous les arts aux hommages qu'elle rend à
la Divinité, doit plaire à un peuple qui aime les
spectacles, l'éclat, la magnificence, & toutes les
productions des arts ; enfin, une religion qui
donne au sentiment pour la Divinité un caractère
d'amour de passion & d'enthousiasme, est analogue au caractère d'un peuple sensible pour qui
aimer est un besoin, & qui semble attacher à toute
exaltation une idée de gloire (29). Votre Majesté ne peut désapprouver dans la bouche d'un
profane, cet éloge profane de ce qui est saint &
sacré.

Après la religion, viennent les mœurs qui sont
un de ses produits. Les plus sages loix ne sont
rien sans les mœurs (30) ; & dans le gouvernement

ment de France, on a de tout temps observé l'ascendant des mœurs sur les loix (31). Les plus
grands législateurs de l'antiquité, si leurs ouvrages sont considérés sans les préjugés qu'inspirent
le suffrage des siècles & une admiration com-
mandée dans l'enfance, souvent n'ont donné à
leurs peuples que des institutions bien inparfaites;
mais en leur donnant des mœurs, ils ont cru avoir
tout fait & ne se sont point trompés.

N'étoit-il pas absurde de donner un Roi au
petit Etat de Sparte & plus absurde encore de lui
en donner deux? Cependant, l'Etat à Sparte est
encore aujourd'hui le modèle des institutions politiques. Le Spartiate fut le meilleur des citoyens, il fut plus qu'un homme, & s'éleva à un degré de vertu que notre foiblesse & notre corruption moderne ont peine à croire possible.

Puisse renaître parmi nous cet esprit chevale-
resque qui rendit la Noblesse plus illustre & plus
brillante par ses mœurs que par ses titres, & lui
donna ce caractère imposant de magnanimité qui
commande le respect. Heureux le jour où on
verra reparoître cette confédération d'hommes gé-

néreux

néreux qui fit profession de protéger la foiblesse, de mépriser la fortune, de braver la mort; qui connut des engagemens plus forts que ceux des contrats, sa parole; une loi plus rigide que les loix sociales, l'honneur; une récompense plus désirable que les dignités, la gloire; & à qui on n'a reproché que l'exagération de ce qui est estimable & sublime !

Depuis le règne de Henry IV., il s'est fait dans nos mœurs une révolution qui n'a point échappé aux observateurs. Le Cardinal de Richelieu opprima & abatit le caractère national ; c'est peut-être le plus grand reproche que la France ait à lui faire. Le Cardinal Mazarin fut plus funeste encore ; il corrompit ce caractère ; il fit de l'immoralité un sistême de gouvernement (32) ; il accoutuma la nation au spectacle du vice, & falsifia l'opinion publique. De son temps & sous ses ordres, parut cet homme scandaleux, le ministre Fouquer, qui n'ayant d'esprit & de talent que ce qu'il en faut pour perdre un Etat, chimérique dans ses idées (33), inconséquent dans leur exécution, ne laissa, pour monument de son minis-

histère, que des effets désastreux, & l'humiliante
& terrible nécessité de manquer à la foi publique
(34). Au milieu du désordre des finances & de
la crise de l'Etat dont il étoit l'auteur, il eut
l'affreux courage de conserver l'amour des plaisirs,
& du luxe, & une gaieté désespérante pour le
malheur (35). On le vit dépouiller la pauvreté par des impôts pour enrichir, par des dons,
le crédit qui lui vendoit son suffrage (36). Par
ce moyen, à la honte de la France, il exista des
apologistes de son administration, &, par ses vices,
il obtint indulgence pour ses fautes (37). Malheur à la nation aux yeux de qui le vice n'est
point hideux, quand ses formes ne le sont pas !
Heureuse la nation, chez qui un homme en place
est une loi vivante !

NOTES.

N O T E S.

(1) L'Auteur en se bornant à une idée si succincte de la constitution politique qu'il veut donner à la France, auroit dû indiquer du moins s'il entend que ce chef de l'Etat soit à temps, à vie, ou héréditaire. Il auroit dû ne pas s'en tenir à la dénomination vague de chef de l'Etat qui peut convenir à un Dictateur, à un Stathouder, à un Doge. Il n'est pas douteux que sous cette dénomination il entend un Roi ; mais il auroit dû ne pas omettre la mention de ce titre ; de même que dans son plan pour le rétablissement d'une religion, il aurait pu employer des termes moins vagues que ceux d'adoration de l'Etre Suprême, & spécifier comme religion nationale la religion Catholique.

(2) En supposant vrai le principe assez généralement admis, qu'un Etat peut, sans s'affoiblir, tenir habituellement sous les armes le centième de sa population, la France pouvoit avoir en temps de paix un pied militaire de 260 mille hommes de troupes de terre & de mer, ce qui étoit plus que suffisant pour sa sureté.

(3) Toutes les parties de la France étoient adhérentes ; tout l'Etat étoit circonscrit par la mer, par des chaînes de montagnes, par des fleuves ; & dans la seule partie qui fut ouverte, un double rang de places fortes formoit une barrière artificielle plus difficile à forcer que les barrières naturelles. Depuis la paix de 1738, la France avoit acquis l'étendue & la consistance qu'il lui importoit d'avoir. Toute conquête qu'elle eut faite sur le continent d'Europe auroit pû être considérée comme une extravasion du corps politique ; &

cette

cette extension de territoire au delà des barrières, eut donné lieu à des dissentions fréquentes, & la France eut été obligée de chercher ou de se créer de nouvelles barrières. Le systême politique de la France, depuis la paix de 1738, semble indiquer le vœu d'une rénonciation à toute extension de territoire, puisque depuis ce temps, nulle guerre n'a été entreprise dans des vues de conquête continentale.

(4) L'Assemblée Nationale constituante étoit composée de 1200 membres ; & quand une telle assemblée sera pour la discussion, divisée en bureaux, le nombre des membres ne sera point excessif.

Aux Etats de 1483, les Etats se divisèrent en six bureaux qui déliberoient séparément & se réunissoient dans une salle commune pour former un vœu général & national. Les Etats de 1483, tiennent un rang distingué parmi nos Etats-Généraux.

(5) Des sept derniers de nos Rois, cinq ont été assassinés : Henry III, Henry IV, Louis XV, Louis XVI, & Louis XVII, quoique l'instrument de sa mort n'ait pas été un poignard. Depuis le commencement de la troisième race jusqu'au règne actuel, on compte 33 Rois dont 12 ont été prisonniers. Louis VI. du Baron de Puisot en Beauce ; Louis VII. des Corsaires en revenant de la Terre-Sainte ; Louis IX. des Sarrazins ; Jean en Angleterre ; Louis XII. étant Duc d'Orléans ; François I. en Espagne ; Charles IX. dans sa minorité à Fontainebleau, quand un parti s'empara de sa personne & força Catherine de Médicis de se rendre à Paris ou de se séparer de son fils ; Henry IV. après la Saint Barthélemi & encore après la mort de Charles IX. jusqu'au retour de Henry III. en France ; Louis XIV. dans sa minorité, lorsque les habitans de Paris l'empêchoient de sortir de leur ville & venoient la nuit inspecter son lit & vérifier sa présence ;

Louis

Louis XVI ; Louis XVII. Quelle famille particulière a éprouvé plus de malheurs ? Que le peuple François apprenne à quel prix on porte une Couronne.

(6) L'Anglais & le Hollandais sont les deux peuples les plus riches. En Hollande, toutes les parties tiennent à la mer ou à des canaux qui y conduisent. Nulle partie de l'Angleterre qui soit à plus de 25 ou 30 lieues de la mer.

(7) Les héros de la guerre & de l'administration n'ont pas moins éprouvé l'injustice & l'inconséquence Françoise. Paris fit des feux de joie pour la prison du grand Condé, & quelques mois après en fit pour sa délivrance. - Paris voulut priver des honneurs du tombeau un ministre qui auroit dû obtenir des autels si les peuples en élevoient à leurs bienfaiteurs ; & tandis que Colbert a éprouvé cet indigne traitement, la nation offre aujourd'hui à la vénération publique des hommes flétris aux yeux de la nature, de la probité, de la sensibilité, & dont le mérite se borne au foible & pernicieux avantage d'avoir défendu avec plus ou moins d'éloquence des opinions fausses & pernicieuses. Rousseau a abandonné à Lyon son ami tombé évanoui & dans le plus grand danger, tandis que les plus légers soins suffisoient pour lui conserver la vie ; étant domestique, il a volé, a accusé son camarade du vol & la perdu ; père de plusieurs enfans, il a laissé leur existence au hasard ; & par le plus grand & le plus coupable des vols, a privé ses enfans de leur état & a manqué au premier devoir que prescrit la nature. Tel est le Dieu de la République Française, ou du moins l'homme qu'elle vénère comme son fondateur, & qu'elle a placé au premier rang dans son temple.

(8) La République avoit d'abord imaginé que la puissance publique respectable par elle-même, n'avoit besoin d'aucune

pompe

pompe extérieure ; depuis, forcée sur cet objet comme sur les autres, de faire céder les idées métaphysiques à des formes nécessaires chez tous les peuples, & surtout chez ceux sur qui les sens ont plus d'empire, elle a couvert d'or & entouré de gardes son directoire ; mais la contenance, le ton, les manières des membres de ce directoire, l'état dans lequel on les a vus précédemment, & la forme d'existence qu'ils y ont contracté, établit un tel contraste avec ce qu'ils veulent paroître, que cette fausse majesté a l'air d'un déguisement ; la personne ne devient point respectable, & la représentation devient ridicule ; faute bien dangereuse chez un peuple qui a tant de dispositions à saisir tout ce qui présente l'aspect du ridicule. Faire perdre à la puissance le respect qui lui est dû, c'est la forcer à être terrible.

(9) *Vous ne perdrez point de vue cette idée si simple & si touchante, que vous ne formez tous qu'un seule famille, et que cette famille ne peut avoir qu'un même intérêt et un même bonheur.* (Discours de M. le Garde des Sceaux 1788).

Page 150, ligne 11, au mot *crimes*—M. Hume décrit la marche de la révolution qui a fait périr Charles I. Dans l'origine, les guides de la nation avoient le désir plutôt que le projet de détruire la monarchie ; ils exigèrent d'abord du Roi des concessions qui les missent en état d'opérer cette destruction ; & s'étant rendus coupables de haute trahison, ils craignirent les peines décernées par les loix ; dès-lors, l'intérêt de leur sureté les mit dans la nécessité de ne plus avoir de Roi ; & quoique la bonté & l'indulgence de Charles pussent calmer leurs craintes, ne voulant point rendre leur sureté dépendante des sentimens de ce Prince, ils la cherchèrent en détruisant la monarchie & en usurpant la puissance souveraine. M. Hume, en écrivant la vie de Charles I. sans le sçavoir, écrivoit d'avance celle de Louis XVI. L'his-

2   toire

toire de tous les pays est la même ; les temps, les lieux, les noms, quelques moyens changent ; mais les mêmes fautes, les mêmes causes, amenent les mêmes événemens ; l'intérêt personnel se couvre de l'intérêt national ; le peuple sert qui le trompe, & attaque qui le sert ; il faut que le temps dessille ses yeux. Puisse le François ne pas attendre comme l'Anglois douze années pour se repentir & réparer ses erreurs !

Page 152, ligne 11, au mot *régnent*—Un Député de l'Assemblée Nationale ou de la Convention a dit : je suis Athée. Un autre a dit : un apothicaire nous déféra du fils de Louis XVI. Ces propos ont été tenus publiquement en s'adressant à l'assemblée. Les deux députés n'ont été ni punis ni exclus de l'assemblée ; dès-lors son secret est révélé, ses principes sont connus. Un Dieu, un Roi, une Nation, tout sera sacrifié pour ses intérêts particuliers. Fermer les temples ou placer une prostituée sur l'autel ; employer un bourreau ou du poison ; allumer à dessein & sans intérêt national la guerre dans toute l'Europe ; faire périr plusieurs millions de citoyens par le fer ou par la misère ; ce sont des moyens dont le choix est indifférent à la sublimité des vues des prétendus représentans de la nation.

(10) La Chambre des Communes du Parlement d'Angleterre pendant longtemps n'a eu aucune consistance ; le titre de membre de cette chambre, aujourd'hui si honorable & si recherché, n'a pendant longtemps été considéré que comme une charge, & on briguoit les titres qui pouvoient en exempter. Jusqu'au 17me siècle le Parlement ne s'étoit permis que trois fois de refuser les subsides demandés par le Roi ; encore au commencement de ce siècle, les membres de la Chambre des Communes qui déplaisoient au Roi, étoient emprisonués, & une jurisdiction extraordinaire & contraire aux loix du pays jugeoit les procès criminels dont la connoissance lui étoit attribuée par le Roi.

(11) Etait

(11) Etats de Blois.

(12) Dernière convocation du ban & de l'arrière-ban en 1674.

(13) Tous les tyrans qui viennent d'être nommés, en réunissant tous leurs crimes, n'ont pas fait périr autant d'innocens qu'en ont fait périr les chefs de la République Françoise.

(14) Une anecdote indique quelle étoit l'opinion du Cardinal de Richelieu sur l'équilibre dans lequel, suivant lui, devoient être tenues les diverses classes de la nation. Plusieurs gentilshommes en Auvergne avoient exercé des vexations; une commission du Parlement de Paris y fut envoyée sous le titre des Grands Jours; justice exacte fut faite, les biens usurpés furent restitués; des oppresseurs, les uns fuirent, les autres expièrent leurs vexations par le dernier supplice, le noble trembla, le peuple devint fier. Un paysan parlant au Seigneur de sa terre le bonnet sur la tête, le Seigneur jetta le bonnet; le paysan lui dit : " Vas ramasser mon bonnet ou j'i-" rai le dire aux Grands Jours;" le fait fut rapporté au Cardinal & il rappella la commission. Ce ministre mourant protestoit que sous son administration nul homme accusé d'un crime d'Etat n'avoit été condamné qu'il ne fût coupable. Qui voudra prononcer sur cette justification, ne doit pas s'en rapporter à l'histoire de ces tems composée d'après des Mémoires qui sont l'ouvrage des ennemis du Cardinal, mais il doit fouiller dans les archives de l'histoire & avoir la curiosité pénible de lire les pièces qui existent encore des procès fameux faits en ce temps. Mr. de Thou est cité comme une des victimes de l'injustice du Cardinal & pour n'avoir eu de tort que celui de n'avoir pas révélé un traité secret fait avec l'Espagne; mais non seulement il avoit eu connoissance d'un autre traité relatif à celui d'Espagne & fait avec le Duc de Bouillon dans le même temps, afin d'exciter une révolte en

E e   France,

France, mais il avoit été le rédacteur & le promoteur de ce dernier traité. Au reste, sans rechercher si le Cardinal de Richelieu pouvoit prouver la justice de tous les jugemens prononcés de son tems contre les prévenus de crimes d'Etat, il suffit d'observer qu'il ne puisse pas se justifier d'avoir puni le crime par des moyens criminels, puisqu'ils étoient irréguliers ; voilà ce qui a rendu & ce qui doit rendre sa mémoire odieuse.

(15) Vers 1750, les germes de la Révolution ont commencé à fermenter sans être visibles pour tous les yeux. Plus de trente ans s'étoient passés depuis la mort de Louis XIV, & son ombre règnoit encore, lorsque fut conçu le projet d'une imposition générale & territoriale. Ce genre d'impôt portant atteinte aux privilèges du Clergé & des Etats provinciaux, le gouvernement fort par la bonté de sa cause & par l'habitude d'obéissance qu'avoient contracté les peuples, déploya sa puissance & étoit sur le point d'être obéi, lorsque revenant sur ses pas il se détermina à céder & apprit aux François qui depuis les troubles de la Fronde l'avoient oublié, qu'on pourroit avec succès résister au Gouvernement.

Des difficultés s'étant élevées sur des questions religieuses, & le Gouvernement, pour la conservation de l'ordre public, ayant voulu maintenir le citoyen dans ses droits spirituels, cet ancien & terrible écueil de l'autorité temporelle servit à l'ébranler, & dans la lutte de la puissance sacerdotale & judiciaire, le Gouvernement ayant toujours adopté un parti & n'ayant jamais été ni médiateur ni maître, se compromit avec l'un & avec l'autre parti.

Le cours de la justice ayant souvent été interrompu ; les magistrats ayant été exilés ou emprisonnés ; les tribunaux ayant été suspendus de leurs fonctions, supprimés, rétablis ; on agita sur les limites du pouvoir & de l'obéissance, ces grandes questions qui ne peuvent être traitées sans ébranler

les

les bases des Gouvernemens, & l'esprit national s'accoutuma aux idées d'innovation dans l'ordre public.

Le Gouvernement ayant souvent été vacillant, inconstant, inconséquent dans ses déterminations ; souvent ayant puni, puis oublié l'offense ; sacrifié ses défenseurs & recompensé ses contradicteurs, perdit sa considération & sa force ; & le parti de l'opposition fut adopté, même par des courtisans, comme la voie de la fortune.

Vers ce même temps, s'est formée une secte philosophique qui a introduit une audace de pensée qui s'est étendue jusques sur les objets de Gouvernement ; & de même qu'à Rome, suivant Cicéron, la substitution de la secte épicurienne à la secte stoïque, a contribué à la subversion de la république, la création de la secte encyclopédique a servi à la destruction de la Monarchie. L'ignorance présomptueuse de la philosophie, en voulant réformer l'humanité, en a fait le malheur ; & de beaux esprits ont été les destructeurs du Gouvernement qui les pensionnoit & les craignoit, & qui n'a sçu ni se les concilier ni les réprimer.

Les dispositions diplomatiques ont aussi contribué à la désorganisation de la Monarchie. La France, par le traité de Versailles, devenue l'amie de son rival sur le continent, n'a plus été dans la même nécessité d'être une grande Puissance militaire ; elle a baissé son pied de troupes en temps de paix ; & de la première Puissance militaire de l'Europe, elle n'est plus devenue que la troisième & même la quatrième ; & ainsi la Constitution Monarchique n'a plus eu en France un caractère aussi nécessaire & aussi fortement exprimé.

(16) La loi de l'Etat est que le juge ordinaire ait la plénitude de la jurisdiction. Quelques genres d'affaires exigeant dans les juges des connoissances particulières, des tribunaux d'attribution avoient été créés ; des commissions composées de juges

 révocables

révocables mais cependant stables, avoient été établies pour connoître des délits relatifs à des droits fiscaux. Les commissions les plus attentatoires à la liberté publique, étoient celles qui étoient composées arbitrairement pour juger un procès criminel en particulier ; cette intervention de l'ordre jurisdictionnel n'ayant lieu le plus communément que pour des affaires d'Etat, dans lesquelles les ministres ayant des intérêts contraires aux intérêts des personnes qu'ils mettoient en justice, il en résultoit que les accusés avoient des juges choisis par leurs ennemis.

(17) Le Comte de Mirabeau a fait un livre sur les Lettres-de-Cachet ; c'étoit, de tous les François, celui qui avoit le moins sujet de s'en plaindre ; puisque ces ordres avoient servi à le soustraire à une peine capitale, pour donner le temps à sa famille, en désintéressant la partie plaignante, & en écartant les témoins, d'assoupir son affaire ; mais la défaveur de l'auteur est indifférente pour la cause qu'il défend. Ce livre, comme tant d'autres, écrits sur des matieres d'administration, est une déclamation éloquente ; mais il ne fait point connoître l'objet des lettres-de-cachet ; leurs divers genres ; celles de ces lettres qui sont le plus repréhensibles ; celles qui ont quelques effets utiles ; & il ne donne aucun moyen de les remplacer dans le cas où elles ont quelque genre d'utilité.

On connoissoit en France deux sortes de lettres du Roi : les unes patentes, les autres de cachet. Les lettres-patentes étoient publiques ; & lorsqu'elles avoient des dispositions générales, elles entroient dans la classe des loix & en avoient la forme, & devoient être délibérées au conseil. Lorsque ces lettres avoient pour objet de conférer un titre & l'exercice de la puissance publique, alors elles n'étoient point délibérées au conseil ; elles étoient adressées à la Nation en général &

parti-

particulièrement aux officiers du Roi, qui devoient mettre la personne à laquelle la concession étoit faite, en possession de son titre ou de son droit. Ces lettres étoient sujettes à la vérification de l'exposé, & de la conformité des dispositions des lettres aux dispositions des loix.

Les Lettres-de-Cachet étoient secretes, & c'est à cet effet qu'elles étoient scellées d'un sceau particulier, dit le sceau du secret ; elles n'étoient adressées qu'à la personne qui devoit exécuter l'ordre, & n'étoient sujettes à aucune vérification. La Lettre étoit signée par le Roi, contre-signée par le Secrétaire-d'Etat ; la formule de l'ancienne politesse y étoit conservée.

Les Lettres de-Cachet avoient deux objets différens : ou elles donnoient une mission honorable, désirée & volontairement exercée, mais qui ne pouvoit conférer aucun caractère de puissance publique & légale, ou elles étoient des ordres coactifs.

Le premier genre de ces Lettres n'avoit aucune irrégularité. Le second seulement étoit contraire aux loix, puisqu'il en résultoit contrainte de la volonté, sans que cette contrainte fût autorisée par jugement.

Voici une copie des Lettres-de-Cachet, adressées aux membres de la derniere Assemblée des Notables. Les Lettres-de-Cachet portant contrainte, ne différoient point pour le titre & la forme, mais seulement pour le genre de l'ordre.

" Mons..... ayant résolu d'assembler des personnes de
" diverses conditions & des plus qualifiées de tout état, afin
" d'avoir leur avis sur la manière la plus juste & la plus con-
" venable de procéder à la formation des Etats-Généraux
" que je me suis déterminé à convoquer en 1789 ; j'ai jugé
" à propos d'appeller........ & je vous ai choisi pour y
" assister : je suis assuré qu'en cette occasion, vous me don-

" nerez

" nerez de nouvelles preuves de votre attachement ainsi que
" de votre zèle pour le bien de mon Royaume. J'ai fixé
" l'ouverture de cette Assemblée au 3 du mois de Novembre
" prochain dans ma ville de Versailles ; & je vous fais cette
" Lettre pour vous dire que mon intention est que vous vous
" y trouviez ledit jour : sur ce, je prie Dieu qu'il vous ait,
" Mons. . . . . en sa sainte garde."
Ecrit à Versailles le 8 Octobre 1788.   La signature du
Roi, & plus bas celle du Secrétaire-d'Etat.

Les lettres-de-cachet, portant contrainte, n'ont jamais eu
pour objet aucun intérêt pécuniaire ; mais elles ont été l'infraction d'un droit attribué à quelque titre, ou de la liberté
naturelle.

Quelquefois un citoyen que le gouvernement estimoit
avoir porté le trouble dans les assemblées de sa communauté,
étoit, par ordre du Roi, exclu du droit d'assister à ces assemblées ou d'y donner son suffrage ; mais l'objet le plus
commun des lettres-de-cachet étoit de porter atteinte à la
liberté de la personne, ou en lui défendant de résider dans un
lieu, ou en lui ordonnant de résider dans un autre, ou en
autorisant l'arrestation de la personne, ou en ordonnant sa
détention. La graduation de la rigueur de chacun de ses
ordres est sensible.

Le motif pour défendre la résidence dans un lieu, ou pour
obliger à la résidence dans un autre, étoit souvent la crainte
qu'un ministre déplacé, ou un magistrat qui ne pouvoit être
destitué, formât des intrigues qui pussent contrarier les vues
du gouvernement & nuire à la tranquillité publique.

L'ordre d'arrêter sans mandement de justice avoit pour
objet de s'assurer d'un coupable, qui auroit pu échapper aux
recherches des tribunaux, lentes & entravées par les formalités. Lorsque la personne arrêtée étoit livrée à la justice,
avec les preuves du délit, afin qu'elle fût jugée, & remise en

1

liberté

liberté s'il n'existoit pas de preuve de délit ; un tel ordre étoit une mesure de police utile au maintien du bon ordre ; & qui n'auroit pu être considérée comme une violation de la sûreté du citoyen, si le citoyen arrêté avoit pu répéter des dommages & intérêts dans le cas où son arrestation provisoire n'étoit pas confirmée par les juges.

Le détenu dans une prison d'état éprouvoit un traitement bien plus rigoureux que le détenu dans une prison judiciaire ; ce dernier n'y étoit au secret que dans des cas extraordinaires, & pour un tems court. Le premier n'avoit jamais aucune communication ni avec les autres prisonniers ni avec l'extérieur ; l'un avoit un terme fixe de sa détention, le jugement de son procès ; l'autre n'en avoit aucun. L'un avoit des moyens de défense contre l'injustice ; l'autre n'avoit aucun moyen de faire entendre sa justification. La détention dans une prison d'état ne pouvoit avoir que deux motifs plausibles, 1°. la punition d'un délit commis par un agent d'administration, lorsque l'instruction & la punition du délit ne pouvoient, sans inconvénient, être déférées aux juges ; ainsi, quand Lafin, commis des affaires étrangères, du tems de Henry IV, fut convaincu d'avoir vendu aux Espagnols le secret de l'Etat, il étoit dangereux de laisser ce délit impuni, parce que cet exemple pouvoit multiplier ce genre de crimes ; & cependant il n'étoit pas possible d'instruire un procès dont les pieces eussent été les preuves des desseins secrets de la France ; 2°. Ce genre de détention pouvoit aussi être la correction d'un jeune homme, décernée conformément au vœu d'une famille, qui s'obligeoit à réparer la faute commise, sous condition que l'auteur seroit puni par une détention de sa personne, précaution nécessaire contre les récidives. Ces détentions pouvoient encore avoir pour objet la punition d'un fils de famille, qui avoit offensé essentiellement ses parens, & dont, sans ces mesures extraordinaires, l'offense seroit de-

meurée

meurée impunie, de crainte de déshonorer le coupable, & sa
famille, par l'effet d'un préjugé injuste, mais reçu.

Ces ordres extrajudiciaires pourroient être limités à ces
objets ; les caractères pourroient en être spécifiés ; les preuves
des faits déterminées ; des règles établies pour prévenir les
injustices des parens ; le tems de ces sortes de détentions
pourroit être fixé ; la rigueur pourroit en être adoucie ; les
ordres pourroient être concertés avec quelques magistrats
députés des cours de justice. Quelques-unes de ces mesures
avoient déjà été prises ; mais quelles que fussent ces modifications, quoique l'usage qui avoit été fait de ces ordres
dans ces derniers tems, pût échapper à la censure, ces actes
d'autorité doivent être supprimés à cause de l'abus possible,
si ce n'est pas à cause de l'abus existant.

(18) En 1787, il avoit été déclaré, au nom duRoi, que la
gabelle étoit un impôt injuste. *La gabelle est jugée.*

(19) Réglement sur les tailles de 1766, qui fixe le premier
brevet de la taille ; le deuxieme brevet n'étoit pas susceptible
de fixation, parce qu'il étoit principalement composé de
contributions locales.

(20) Accroissement du Royaume de France depuis l'avénement de Henry IV à la Couronne de France :

Rois.	Provinces réunies en totalité ou en partie.	Réunion par le fait.		Réunion par loi ou traités.		Nombre de lieues quarrées de 2187 toises.	Population en 1789.
Henry IV.	Navarre	Avénement à la Couronne	1587	Edit d'Octobre	1620	317	792,688
Louis XIII.	Roussillon	Prise de Possession	1641	Traité des Pyrénées	1659	176	173,914
	Artois Voyez ci-après						
Louis XIV.	Alsace	La France commence à s'en emparer 1634, &c.		Traité de Westphalie	1648	507	665,600
	Flandre	Conquête	1675	Traité de Nimègue	1678	576	1,065,558
	Artois	Conquête	1640	Traité des Pyrénées	1659	871	712,998
	Franche-Comté	Conquête	1672	Traité de Nimègue	1678		
Louis XV.	Lorraine		1734	Traité de Vienne	1738	1,048	674,440
	La Corse		1769				126,000
						3,495 Non compris la Corse	4,211,198

F f

Cet état est extrait d'un Mémoire rédigé par l'administration des finances en 1788. Quelqu'authentique que soit cette pièce, il y a apparence qu'il y a erreur dans l'estimation de la superficie de la Lorraine à 1048 lieues, & dans la population de la Navarre.

(21) Tous ces faits sont exactement prouvés par des états qui ont passé sous mes yeux ; les relevés de régistres de baptèmes dans tout le Royaume, attestoient un progrès constant dans le nombre des naissances ; des états de défrichement prouvoient que des terres, anciennement stériles, étoient mises en valeur ; dans presque toutes les provinces, les observations des Sociétés d'Agriculture, & de tous les cultivateurs attestoient une amélioration dans ce procédé de la culture ; un grand nombre de terres avoit été planté en vignes ; les régistres des aides prouvoient ce fait ; dans les pays non sujets aux aides, l'augmentation de ce genre de culture étoit au moins aussi considérable. Les états dressés par les inspecteurs des manufactures constatoient, dans presque toutes les provinces manufacturieres, une augmentation de fabrique ; plusieurs genres s'étoient formés depuis peu de temps, singulièrement les manufactures d'étoffes de coton. Le produit des colonies Américaines avoit depuis longtemps une progression constante ; St. Domingue étoit la plus riche colonie de l'univers. Les états tenus dans les ports du Royaume des navires François qui y entrent & en sortent annuellement, constatoient un très-grand accroissement de la navigation Françoise.

(22) La vigne croit dans des provinces qui forment plus des quatre cinquièmes de la superficie du Royaume ; la production des vins étant augmentée, une grande quantité de ces vins, par leur foible qualité, ne pouvant s'exporter, la consommation en étoit plus considérable ; dans un grand

nombre

nombre de contrées où les eaux sont stagnantes, le vin est une liqueur d'une grande ressource, & le plus mauvais est un bon antiputride.

(23) Dans la plûpart des villages, la comparaison des maisons anciennes & nouvelles prouve l'amelioration de l'architecture rustique ; une plus grande quantité de maisons avoit des vîtres, &c. &c.

(24) Il se fabriquoit beaucoup plus de petits lainages & de draps grossiers qui formoient les vêtemens du peuple. Dans les pays froids, ou sujets à des changemens subits de température, le défaut de bons vêtemens est une source féconde de maladies.

(25) Les états des receveurs des impositions & des fermiers des droits constatent l'accélération des recouvremens, & la diminution du nombre des contraintes ; le nombre des contribuables emprisonnés pour la perception des impôts, n'étoit pas le dixieme de ce qu'il étoit autrefois. Les contraintes pour la contrebande ne sont pas comprises dans cette estime, parce que, dans ce moment, on n'a pas sous les yeux les renseignemens nécessaires pour une juste évaluation.

Page 176, ligne 6, au mot *effets*.—Lorsque le gouvernement a une forme depuis longtemps établie, & que les choses se sont mises dans une certaine situation, il est presque toujours de la prudence de les laisser, parce que les raisons souvent compliquées & inconnues, qui font qu'un pareil état a subsisté, font qu'il se maintiendra encore ; mais quand on change le système total, on ne peut rémédier qu'aux inconvéniens qui se présentent dans la théorie, & on en laisse d'autres que la pratique seule peut faire découvrir. (Montesquieu).

F f 2

(26)

(26) Le règne du Roi Jean est l'époque où la prérogative royale a été le plus fortement contenue, & les droits du citoyen plus fortement maintenus.

(27) Et se de dans le premier jour de Mars prochain venant, tous n'étoient à accord des choses dessus dites, & de celles qui cy-après seront déclarées & spécifiées, ou au moins se il n'apparoit que nous en eussions fait notre diligence bien & suffisamment dedans ledit jour, les dittes aides cesseroient du tout, se à la ditte journée n'étoit sur ce pourvu par tous les trois Etats d'un accort & consentement, se senz ce que la voix des deus Etats puisse conclure la tierce, & ce qui en auroit été levé & non dépensé demourroit au profit des pays esquiex il auroit été levé pour le fait de la guerre. (Ordonnance de Décembre 1355).

(28) Etats de 1483, 1560, 1576 ; réglemens sur la dépense de 1717, 1759, &c. Déclaration des intentions du Roi du 23 Juin 1789, &c.

(29) Dans ce siècle, une raison pervertie ayant porté des atteintes à la foi, il est utile que la religion assure l'observation de ses principes par un sentiment qui tienne de la passion ; ce n'est plus le temps où les excès de cette exaltation étoient à craindre ; tous les prêtres Catholiques savent aujourd'hui qu'ils sont hommes & citoyens avant d'être prêtres ; & les prêtres François dans des situations pénibles & délicates prouvent journellement autant de sagesse que de vertu ; enfin, aujourd'hui le peuple n'est pas seulement guidé par leurs leçons, mais par une raison plus éclairée qu'elle n'étoit autrefois. Il a été répondu ailleurs aux objections faites contre quelques institutions Catholiques qui pouvoient porter des obstacles à la prospérité des empires ; presque

toutes

toutes ces institutions tiennent à la discipline ecclésiastique qui, suivant nos loix, peut être admise ou rejettée par la puissance temporelle. D'ailleurs, Rome elle-même paroit disposée à concourir à tout ce qui peut servir l'humanité & l'Etat.

(30) Quid leges sine moribus?

(31) Plus ibi mores quàm alibi leges.

(32) Le Cardinal de Retz dit du Cardinal Mazarin, qu'il introduisit la filouterie dans le ministère.

(33) Mr. Fouquet prétendoit qu'en administration, la profusion de l'argent étoit indifférente ; que cet argent passant de la main d'un François dans la main d'un autre, le résultat de ces échanges étoit indifférent pour la nation.

(34) Voyez les opérations qui suivirent son ministère, & qu'il nécessita.

(35) Tandis que l'Etat ne pouvoit pourvoir aux dépenses les plus instantes, Mr. Fouquet donnoit des fêtes à Vaux, & s'occupoit d'intrigues galantes.

(36) Toutes les personnes de la cour qui pouvoient servir Mr. Fouquet, obtenoient de lui des dons ; lorsqu'il fut arrêté, on en trouva la liste.

(37) Les lettres de Madame de Sévigné sur le procès de Mr. Fouquet, peignent l'esprit de ce temps.

SECTION

SECTION V.

DOIT-ON MÉCONNOÎTRE DANS LE MANIFESTE DU MOIS DE JUILLET 1795, LES SENTIMENS DE VOTRE MAJESTÉ ?—LE MANIFESTE PEUT-IL INDUIRE À CROIRE QUE VOTRE MAJESTÉ VEUILLE ÉTABLIR EN FRANCE UNE PUISSANCE ILLIMITÉE ?

L'AUTEUR du *Tableau de l'Europe* justifie le motif qui l'engage à contredire & attaquer le Manifeste de VOTRE MAJESTÉ. *Convaincu, dit-il, que c'est servir la bonne cause & les intérêts du Roi, que de ne pas considérer comme ses vrais sentimens, ce qui peut induire, &c.*

Si les intérêts de VOTRE MAJESTÉ ont déterminé l'Auteur à écrire, pourquoi écrire contre la Loi Salique qui est le titre de VOTRE MAJESTÉ ? Pourquoi nier l'existence de la Constitution de l'Etat qui impose à la nation des devoirs envers son Roi comme elle en impose au Roi envers la nation, ce qui forme le pacte social ?

Ne

Ne point reconnoître pour le sentiment & la volonté d'un Roi, ce qu'un Roi annonce être son sentiment & sa volonté, fut de tout temps la tactique des ennemis & des destructeurs de la puissance Royale. Je ne veux ni dire ni insinuer que l'Auteur ait un projet si criminel ; mais je ne puis me dispenser d'observer quels perfides exemples il suit, quelle funeste méthode il adopte.

Si l'Auteur du *Tableau de l'Europe* pensoit que le Manifeste de Juillet 1795 étoit contraire aux intérêts de Votre Majesté, & aux droits de la nation, son devoir de sujet, sa qualité d'ex-ministre, sa reconnoissance pour les bontés dont Votre Majesté l'a honoré, l'autorisoient, l'obligeoient même à mettre ses observations sous les yeux de Votre Majesté ; mais, en exhortant les sujets fidèles à Votre Majesté à méconnoître ses intentions, que peut-il prétendre ? Il faut donc qu'il existe parmi les François qui tiennent encore pour la Monarchie, deux partis, l'un qui reconnoisse Votre Majesté pour guide, l'autre, qui reconnoisse l'Auteur du *Tableau de l'Europe*. Je répète encore que je n'inculpe ni ne juge ses intentions,

mais

mais que je dois énoncer les conséquences néces-saires de son sistême.

Méconnoître le Manifeste du mois de Juillet 1795, pour être l'expression des sentimens de VOTRE MAJESTÉ ! Ah ! malheur, mille fois malheur à tout François qui dans l'éloquente sensibilité qui a dicté cet écrit, ne reconnoît pas les sentimens de son Roi !

On est bien surpris de l'idée que l'Auteur du *Tableau de l'Europe* donne de ce Manifeste, quand on en compare le texte avec les assertions de l'Auteur.

· Texte du *Tableau de l'Europe : Le Manifeste peut induire à croire* que VOTRE MAJESTÉ *ne voudroit pas reconnoître que le pouvoir Monarchi-que doit être tempéré par des loix fondamentales.* Je lis dans le Manifeste la déclaration la plus for-mellement contradictoire, la reconnoissance la plus précise qu'il existe des loix fondamentales, & que les Rois ne peuvent détruire. Texte du Ma-nifeste : *Cette antique & sage Constitution dont la chute a entraîné votre perte, nous voulons lui rendre toute sa pureté que le temps avoit corrompue ; toute*

sa

sa vigueur que le temps avoit affoiblie; mais elle nous a mis elle-même dans l'heureuse impuissance de la changer.

Texte du Tableau de l'Europe—*On a notifié solemnellement à la nation, qu'elle ne trouveroit que la même forme de Gouvernement contre laquelle elle s'est révoltée, que rien n'y seroit changé, ni modifié; & que la nation pour prix de sa renonciation à se faire elle-même des loix, n'aura que le rétablissement de celles dont elle avoit brisé le joug.* La nation ne s'est point révoltée contre ses loix; elle en a ignoré les dispositions; ses guides perfides ont pris soin de les lui dissimuler. L'Auteur du *Tableau de l'Europe* peut trouver la preuve de ces faits dans le livre intitulé, *Etat de la France présent & à venir.* La nation, en reprenant l'ancienne Constitution, ne renonceroit pas au droit de concourir à la création des loix politiques; au contraire, elle rentreroit dans l'exercice d'un droit dont elle ne jouissoit pas. Le Manifeste ne dit point que rien sera changé à la forme de Gouvernement qui étoit suivie; j'y lis au contraire: *Il faut replacer sur ses bases, l'antique Constitution du Royaume,* &

o g

ailleurs:

ailleurs : *les passions s'étudient à les dégrader* (les loix) *& mettent leur ouvrage à côté des loix pour les affoiblir, ou à la place des loix pour les rendre vaines.*

Comment l'Auteur peut-il prétendre que suivant le Manifeste, rien ne doit être changé au régime suivi dans les derniers temps qui ont précédé la révolution, puisque dans ces derniers temps la nation ne s'assembloit plus, des impôts avoient été créés sans sa participation, ; elle étoit grevée de dettes qu'elle n'avoit pas consenties ; & des ordres extrajudiciaires avoient porté atteinte à la liberté du citoyen ; déjà il a été observé de quelles considérations étoient susceptibles, quelques-uns de ces usages irréguliers de la puissance ; mais de quelque œil qu'ils soyent vus, il est certain qu'ils étoient des contraventions aux loix, & à la Constitution de l'Etat ; & cette Constitution, si elle eut été remise en vigueur, faisoit cesser ces contraventions. Texte du Tableau de l'Europe : *On n'a pas cherché à faire voir à la nation, qu'en cas qu'elle rejettât la Constitution qu'on la pressoit d'accepter, elle en auroit une autre plus convenable*

à ses

à ses besoins, plus appropriée à ses mœurs, plus con-
forme à ses dispositions naturelles. Ce dont l'Auteur
reproche l'omission, a été exactement exécuté.
Non-seulement, l'ancienne Constitution que rappelle Votre Majesté admet la réforme de toute
institution contraire aux intérêts & au vœu de la
nation ; mais le feu Roi Louis XVI. avoit tracé
au mois de Juin 1789 un plan d'ordre public,
qu'il avoit proposé à la nation assemblée, & qui
rappelloit & fixoit des droits nationaux qui n'a-
voient point encore été déterminés aussi précisément, ni assurés par des mesures aussi fortes;
l'amour de la patrie avoit encore inspiré à ce
Prince vertueux d'autres dispositions. C'est du
Manifeste même que je l'apprends ; il y est dit :
Louis XVI. mourut en chargeant son Successeur
d'exécuter les projets qu'il avoit conçu dans sa sagesse
pour le bonheur de son peuple. Et je lis à la suite
cet engagement solemnel : *Ce que Louis XVI. n'a*
pu faire, nous l'exécuterons.

L'Auteur du *Tableau de l'Europe* a cru devoir
terminer son inexact commentaire, en déclarant
aveugle, esclave, adulateur, ennemi de la France,

 quiconque

quiconque n'adopte pas l'opinion qu'il professe. *Quiconque ne voit pas combien il est nécessaire pour le rétablissement de la Monarchie en France, d'annoncer que telle sera la base de la Constitution, est décidemment aveugle. Quiconque n'en a pas le vœu dans l'ame, est fait pour être esclave ; quiconque le pensant, n'ose pas l'exprimer, est un adulateur ; quiconque conseille aux Princes Bourbons* (1) *d'annoncer des sentimens contraires est leur ennemi personnel, & l'ennemi de la France.*

Peut-être il eut été plus prudent de ne point employer d'aussi fortes invectives contre ceux qui ont le malheur de donner de mauvais-conseils. Quoiqu'il en soit, on ne voit point que ces reproches puissent porter sur les personnes admises à donner leur avis à VOTRE MAJESTÉ. A la vérité, quelques François indignés des horreurs que commet le parti républicain, irrités d'une persécution sans motif & sans bornes, & qui comprend tous les genres d'injustice, bannissement perpétuel, confiscation de biens, proscription, massacre de leurs parens & de leurs amis, ont pu former sur le rétablissement de l'ordre public, & sur les moyens

de

de ce rétablissement, un vœu qui manque & de justice & de prudence, & ils ont confié à la presse leurs sentimens, encore plus que leurs idées ; peut-être quelqu'exagération est excusable dans une telle situation, & le cri de la douleur ne doit pas être pris pour un systême politique ; mais qu'importent les erreurs de quelques particuliers isolés. J'ignore si VOTRE MAJESTÉ a consulté & qui elle a consulté ; mais j'ose répondre que nul n'a eu l'absurde improbité de conseiller à VOTRE MAJESTÉ de ne pas reconnoître que le Pouvoir Monarchique dût être réglé & tempéré par des loix fondamentales.

Je ne dirai pas, comme l'Auteur du *Tableau de l'Europe*, que dans la notification des intentions de VOTRE MAJESTÉ sur les loix, il falloit *éluder habilement*. Je ne me contenterai pas de dire comme lui que dans les circonstances actuelles, VOTRE MAJESTÉ ne doit pas se refuser aux demandes qui seroient faites pour que désormais le régime politique soit déterminé & permanent ; mais je dirai que si la fixation de ce régime politique n'étoit pas demandée, VOTRE MAJESTÉ

elle-

elle-même devroit la provoquer ; parce que rien de
plus désirable pour elle, que de voir son rétablissement sur le Trône cimenté par le vœu de ses
sujets ; rien de plus important que la fixation d'un
droit national aussi circonscrit, aussi stable qu'il
en existe ou puisse exister dans aucune société
politique. Et quiconque connoît la France & ses
loix, sait que jamais les intérêts de ses Rois ne
peuvent être en contradiction avec les intérêts de
leurs sujets, à moins que les Rois ne préférent
leurs affections à leurs intérêts.

En recherchant comment l'Auteur du *Tableau
de l'Europe* a pu se permettre une critique du Manifeste aussi dénuée de fondement, on reconnoît
facilement le principe de son erreur. Cet Auteur
confond le Gouvernement de l'Etat avec sa Constitution ; il ne considère que ce qui étoit, tandis
que le Manifeste ne fait mention que de ce qui
devoit être. L'Auteur voit toujours le Gouvernement tel qu'il existoit pendant son administration ;
le Manifeste ne réclame qu'un Gouvernement
conforme aux loix. Ainsi l'Auteur ne nie l'existence de nos loix, que parce qu'il ne les connoît

pas ;

pas; il le dit & le prouve; & il ne critique le Manifeste, que parce qu'il l'a mal entendu ou mal interprété. Qu'il nous permette de voter pour que l'ordre public soit rétabli en France par les voies ouvertes, par la Constitution de l'Etat existante, & qu'il nous laisse écouter la voix de VOTRE MAJESTÉ qui nous y rappelle.

VOTRE MAJESTÉ, ainsi qu'elle l'a reconnu elle-même, n'ayant point le pouvoir de changer les loix fondamentales de l'Etat, est obligée de se référer à ces loix; & si elle les eut écartées, elle eut adhéré à l'idée réprouvée de l'inexistence d'une Constitution de l'Etat; & c'est alors que les ennemis de VOTRE MAJESTÉ auroient pu lui reprocher des vues de despotisme; tandis que par une inconséquence digne d'un sistême pervers, ils annoncent des soupçons de despotisme qu'ils n'ont pas & qu'ils ne peuvent avoir, sur ce que VOTRE MAJESTÉ a témoigné pour les loix de l'Etat, le respect le plus religieux.

Lorsque je considère l'ensemble du Manifeste du mois de Juillet 1795, les sentimens qu'il annonce, les dispositions qu'il contient, les expres-

sions

sions qu'il employe, j'y vois la promesse la plus précise & la plus solemnelle de remettre en vigueur l'ancienne Constitution de la France ; je sais que cette Constitution donne aux François des droits dont il ne jouissoit pas depuis long-temps ; je sais que les assemblées de la nation sont une des bases de cette antique Constitution, & que dans ces assemblées, par le concours du Roi & de la Nation, tout changement est possible & légitime ; ainsi il me paroît démontré que le Manifeste en revivifiant l'ancienne Constitution, non seulement assure au François une existence politique plus avantageuse, que celle dont il jouissoit, mais qu'il lui donne tous les moyens de rectifier, améliorer, & perfectionner cette existence.

Etoit-il nécessaire, ou du moins expédient, que Votre Majesté expliquât davantage ses intentions ? Et si Votre Majesté a dit ce qu'elle devoit dire, a-t-elle dit tout ce qu'elle pouvoit dire ? C'est une question qui peut être décidée par des considérations autant que par des principes. Mais quelle que soit l'opinion sur cet objet, il est toujours évidemment faux que Votre Ma-

ʃESTÉ ait notifié le rétablissement du régime politique suivi dans les derniers temps qui ont précédé la Révolution.

Je ne dissimulerai point à VOTRE MAJESTÉ,
que plusieurs de ses zélés serviteurs, loyaux &
instruits, auroient desiré que VOTRE MAJESTÉ,
eut marqué d'une manière plus précise & plus
explicite le but auquel elle tend, & les motifs qui
la déterminent ; qu'en revivifiant nos anciennes
loix, elle eut fait connoître quelles sont leurs principales dispositions, & quels avantages résultent
de leur exécution; ils auroient désiré que Vo-
TRE MAJESTÉ eut annoncé (ce que cependant
n'ignorent pas ceux qui affectent le plus de l'ignorer), quel doit être le sort du François par sa ré-
intégration dans ses droits, & que le sujet de Vo-
TRE MAJESTÉ le moins instruit des loix de sa
patrie, connut tous les avantages que lui assure, &
auxquels lui permet d'aspirer l'ancienne Constitution de l'Etat.

On ne peut présumer que ces idées ayent échappé à VOTRE MAJESTÉ. Mais comme elle connoît ainsi qu'elle l'a prouvé, les loix de son Etat,

н h

consi·

considérant qu'elle ne peut, sur ce qui concerne le droit national, donner des loix sans le concours de la nation, & qu'elle ne pourroit, quant à présent, que se borner à une simple proposition ; considérant que la plus grande partie de la nation, encore agité par le délire qu'ont excité les nouvelles opinions, n'est pas en situation de juger sainement de ce qui est juste & possible, & de ce qui lui est réellement avantageux ; considérant que la nation opprimée par des tyrans, exposée dans toutes ses provinces aux troubles & aux violences, ne peut ni former un vœu libre, ni le faire connoître, Votre Majesté aura peut-être pensé qu'il étoit convenable d'attendre un temps où la raison & la justice puissent être entendues, & qu'il suffisoit de placer un fanal qui indiquât où il faut se réfugier pour trouver sureté, liberté & tranquillité.

Cependant, puisqu'aujourd'hui de fausses interprétations défigurent l'expression des sentimens de Votre Majesté, puisque son Manifeste est présenté à la nation comme l'étendard du despotisme, Votre Majesté se déterminera-t-elle à

dé-

détromper ses sujets abusés, & à leur rendre sensible la rectitude & la bienfaisance de ses intentions, & l'étendue & la conséquence des engagemens qu'elle a pris ? Ou, VOTRE MAJESTÉ se confiant au texte même du Manifeste & au jugement qu'en porte tout homme, qui connoît nos loix & qui est sans prévention, attendra-t-elle que ce jugement fasse tomber toute opinion contraire, & que l'excès des maux que souffre la France, la ramène à ses devoirs & à ses intérêts ? C'est un objet de détermination qui me paroît mériter toute l'attention de VOTRE MAJESTÉ.

⁎ Puisque l'Auteur du *Tableau de l'Europe* s'est permis de citer inexactemnt & de censurer injustement le Manifeste du mois de Juillet 1795 ; puisqu'il s'érige en juge suprême, *sur ce qu'on a fait, & qu'on n'auroit pas dû faire ; sur ce qu'on auroit dû faire, & qu'on n'a pas fait ; sur ce qu'on devroit faire, & que peut-être on ne fera pas* ; il paroît indispensable de constater quel degré de confiance méritent ses assertions.

L'Auteur déclare que pour la restauration de

H h 2

l'ordre

l'ordre public en France, il faut y rétablir la religion ; idée juste & respectable ; mais l'Auteur ne parle que généralement de l'hommage à rendre à l'Etre-Suprême, il oublie de dire quelle religion doit être suivie, & ne nomme pas même la religion Catholique. Un des moyens sur lequel l'Auteur insiste le plus, & qu'il présente comme le plus efficace pour rappeller les devoirs de l'homme envers la Divinité, est la construction d'églises *d'une architecture noble, d'une décoration pure, d'une simplicité majestueuse.* Il existoit en France environ 50 mille églises ou chapelles ; pour les rendre dignes du tableau qu'en fait l'Auteur, en les réduisant à 40 mille ; en reconstructions ou réparations nécessairement fort augmentées depuis 6 ans, on ne peut dépenser pour chacune, prix réduit, moins de 50 mille francs, ce qui est très-peu pour un monument d'architecture ; & pourtant il en résulteroit une dépense de deux milliards ; c'est proposer à une nation ruinée, une dévotion un peu dispendieuse. L'Auteur ajoute, qu'il est honteux que *les temples du Paganisme* fussent plus que les nôtres *sans luxe mondain, sans éclat de richesses, sans faste d'ornemens*

mens .... & en plus petit nombre. On ne peut
deviner pourquoi l'Auteur a choisi pour l'objet
d'un tel éloge celle précisément de toutes les religions qui le mérite le moins ; car nulle religion
n'a plus multiplié ses temples ainsi que ses dieux ;
nulle n'a eu des temples d'un luxe plus mondain,
& même plus galant ; des temples où il y eut une
plus grande richesse d'ornemens, & où le culte
fut plus somptueux.

Les idées politiques de l'Auteur ne sont pas
moins surprenantes que ses idées religieuses. Selon lui, jamais la Grande-Bretagne ne pourra être
assurée de la paix, tant que la France sera une
Démocratie, parce que *jamais Démocratie puis-*
sante ne fut pacifique ; *les annales du monde le*
prouvent .... D'abord, quel Etat l'Auteur a-t-il
en vue sous la dénomination de Démocratie puis-
sante ? J'avoue que je n'en connois aucune dans
les temps anciens ni modernes. Rome avoit des
Patriciens, & Sparte des Rois. Dans le siècle
actuel, il n'existe pas en Europe une seule Démocratie à laquelle puisse convenir la qualifica-
tion d'Etat puissant. L'Auteur prétend que les

anna-

annales du monde prouvent que les Démocraties sont disposées à la guerre: ces annales prouvent au contraire que les Monarchies sont beaucoup plus disposées à la guerre, que les Républiques; M. de Montesquieu en a fait l'observation; & en effet, on ne peut dire que les Provinces-Unies, la Suisse, Gênes & Venise, soient les Etats les plus belligérans de l'Europe; les guerres qu'ont soutenues quelques-unes de ces Républiques, sont presque toutes défensives.

L'objet de l'Auteur est de démontrer aux Puissances coalisées, & singulièrement à la Grande-Bretagne, qu'elles doivent continuer la guerre contre la France. D'après cette vue, il discute les avis ouverts au Parlement; il reproche aux deux partis de tromper ou de se tromper eux-mêmes. Il accuse singulièrement le parti qui vote pour la guerre, de contradiction, de dissimulation, de fausseté, *de jouer l'approbation de ce qu'au fond de l'ame il méprise, & de ce que ses principes proscrivent.* Si l'Auteur vouloit donner des leçons aux Anglois comme aux François, sans inculper les intentions, & sans décréditer le parti

favora-

favorable à la cause qu'il défend, il pouvoit observer que tant que la France sera en possession
de la Flandre & dominera en Hollande, un ministre Anglois semble ne pouvoir consentir à la
paix, qu'en sacrifiant à la crainte de la contradiction & à sa tranquillité personnelle, la sureté de
sa patrie. En effet, la France pendant la paix
pouvant rétablir & augmenter sa marine, si elle
entouroit l'Angleterre par ses possessions, elle
pourroit faire partir par le même vent, de divers
points, des vaisseaux & des troupes ; & alors
l'Angleterre ne seroit peut-être pas à l'abri d'une
invasion. Cette idée est simple ; plusieurs grands
généraux l'ont adoptée, & l'Auteur l'omet pour
se jetter dans ses spéculations. Afin d'engager le
peuple Anglois à supporter les charges de la
guerre, l'Auteur s'efforce de prouver que la France
est en état de soutenir encore long-temps cette
guerre. La preuve de ce fait est aussi singulière
que le moyen de persuasion. *Ce n'est*, dit-il,
qu'avec leurs revenus que les Puissances confédé-
rées font la guerre à leur adversaire ; elle la leur
fait avec ses capitaux. Elles ne peuvent lever sans

peine

peine les contributions dont elles ont besoin ; elle se procure d'un mot plusieurs milliards. Les faits sont absolument contraires. La Grande-Bretagne n'a point fait la guerre avec ses revenus ; les emprunts immenses qu'elle a faits & qu'elle a garantis, ne sont pas des revenus. On ne devoit pas s'attendre qu'un ancien ministre des finances tombât dans une semblable méprise. De plus, quand la Grande-Bretagne a eu des besoins d'argent, elle se les est *procuré d'un mot* ; & quand la France a besoin d'une somme à-peu-près égale, à un des emprunts de la Grande-Bretague, six cent millions espèces, elle ne peut obtenir cette somme que dans un délai très-long, avec des changemens de plans, & de dispositions, & avec des contraintes & des exactions sans nombre.

L'Auteur, en fait d'administration, n'est pas plus exact. Suivant lui, *par un travail fait dans un temps où il y avoit une administration attentive, il a été vérifié qu'une récolte ordinaire prise sur la totalité du Royaume de France, excédoit d'un huitième au moins ce qu'il falloit pour nourrir ses habitans.* Je sçais que sur cet objet quelques ministres

se sont permis des assertions légères & inconsidérées ; ceux qui ont été le plus instruits, sont ceux
qui ont marqué le plus de doutes. Vraisembla-
blement l'Auteur, par les vérifications dont il fait
mention, n'entend pas les états d'entrée & de
sortie des grains du Royaume, car ces états n'ont
point une relation nécessaire avec la consommation
générale, parce qu'il est possible qu'il sorte des
grains d'une province, tandis qu'une autre a des
besoins ; & la totalité de grains qui entre dans le
Royaume, ne donne pas la mesure de ses besoins,
lorsque l'approvisionnement est insuffisant, ce qui
n'est que trop ordinaire. On ne doit pas croire
non plus que l'Auteur ait eu en vue les états de
récolte envoyés annuellement des provinces au
conseil ; car ces Etats ne présentent que des ap-
perçus par approximation de la récolte de la province d'après l'opinion publique, ce qui peut seulement donner une idée de la situation particulière
de la province ; mais comme ces états n'expriment
aucune quantité numérique ni de la production
ni de la consommation ; comme, sous ces deux
rapports, la proportion des provinces à la totalité

du

du Royaume, n'est pas connue, les tableaux généraux des recoltes ne présentent & ne peuvent présenter aucune base exacte d'évaluation de la totalité du produit, encore moins prêter à la formation d'une année commune ; & il n'est pas un homme ayant les lumières & l'expérience nécessaires pour juger ces états, qui n'avoue cette vérité.

D'ailleurs, l'Auteur parle d'un temps particulier où il existoit une administration attentive ; or, les états d'entrée & de sortie des grains, & les états de récolte ont été envoyés de tout temps au conseil ; donc, indépendamment de leur insuffisance, ce ne sont pas les bases sur lesquelles l'Auteur fonde son assertion. Il est en effet d'autres moyens d'acquérir une notion de la force des récoltes & de la quotité des consommations ; ces moyens ont été quelquefois proposés au conseil, mais n'ont jamais été mis à exécution ; & qui que ce soit, ne pourra citer ni le genre de vérification qu'atteste l'Auteur sans rien spécifier, ni les procédés par lesquels elle a été opérée, ni le temps où elle a été faite, ni la méthode suivie pour en former un résultat général.

L'Auteur

L'Auteur prétend qu'en 1787, c'est-à-dire, pendant son administration, il a été découvert que la France avoit 28 millions d'habitans. *Le calcul, dit-il, des écrivains échos les uns des autres, n'est que de 25 à 26 millions d'habitans; mais le calcul vérifié en 1787 est d'environ 28 millions.* Ces expressions sont ambigues & incertaines, & il faut fixer le sens de ce que l'Auteur entend par son calcul vérifié. L'évaluation de la population de la France n'a été méthodique que depuis qu'il y a eu des états exacts des naissances dans toute la France & des dénombremens dans quelques lieux ; parce que de la proportion dans les cantons dénombrés, du nombre des naissances au nombre des habitans, on a pu conclure une proportion générale pour le Royaume, & conséquemment avoir une idée probable de la population. Les états des naissances dans tout le Royaume sont recueillis par le Gouvernement & livrés au public par l'impression ; ainsi ce genre d'élément a servi également & aux écrivains que l'Auteur dément & réforme, & à lui-même ; ces écrivains n'ont donc pu tomber dans l'erreur que par une fausse estime de la proportion des naissances à la population.

 Avant

Avant l'administration de l'Auteur du *Tableau de l'Europe*, les seuls écrivains qui eussent donné un état de la population de la France d'après des états de naissances & des dénombremens, étoient MM. de Buffon, Messance, Moheau, Necker. On ne compte ni le Marquis de Mirabeau, ni l'Abbé Expilly, parce qu'ils n'ont suivi aucune méthode. Quant à ces quatre écrivains, on ne conçoit pas pourquoi l'Auteur les accuse d'être les échos les uns des autres, car chacun d'eux à donné une idée différente de la population :

	Habitans.
Buffon donne à la France	22,677,077
Messance	23,909,400
Moheau	23,687,419
Necker	24,676,000

La différence de ces résultats vient, 1°. de ce que ces écrivains établissent entre le nombre des naissances & le nombre des habitans, une proportion plus ou moins forte. Ainsi Moheau estime que la population du Royaume est au nombre des naissances pendant une année commune comme vingt-cinq & demi est

à

à un ; & Necker, comme vingt-cinq trois quarts à un ; 2°. Comme ces auteurs ont écrit dans divers temps, & que le nombre des naissances augmentoit annuellement, ils ont, d'après ce nombre, formé une évaluation de la population plus ou moins forte, & cette progression continuant toujours, par suite des principes admis par ces écrivains. Avant la Révolution on portoit la population de la France à 26 millions d'habitans; si l'Auteur du *Tableau de l'Europe* a trouvé la preuve, que cette proportion pour la totalité de la France doit être beaucoup plus forte, il auroit bien dû au lieu d'une décision dogmatique, faire connoître ses preuves, afin de servir à l'instruction des écrivains à venir. Mais ces preuves ne pouvoient consister que dans la confection de nouveaux dénombremens qui indiquassent une proportion différente du nombre des habitans dénombrés aux naissances annuelles. Cependant on n'a aucune notion de la prétendue vérification alléguée par l'Auteur. Des dénombremens ne peuvent être faits incognito; s'ils avoient existé, ils eussent été connus; les papiers publics en eussent fait mention ;

tion ; les procès-verbaux s'en trouveroient dans les archives ou dans les bureaux ; mais rien de tout cela n'existe. D'ailleurs, si l'Auteur avoit reconnu que la population de la France étoit beaucoup plus considérable qu'on ne l'estimoit, il n'auroit pas manqué de rendre compte au Roi du fruit de ses travaux, & le Roi qui avoit très-bonne mémoire, n'auroit pas oublié un fait aussi intéressant aux yeux d'un Monarque, que la découverte de deux millions de sujets dont il ignoroit l'existence. En 1788, ayant eu occasion de dire au conseil de finances qu'il existoit en France 26 millions d'habitans, le Roi m'a fait l'honneur de me dire en présence de tout le conseil, que dans les comptes qui lui avoient été rendus de la population de la France, elle lui avoit toujours été présentée comme inférieure à 25 millions. Il est difficile de concilier tous ces faits avec l'assertion de l'Auteur.

Sur la Révolution de France, l'Auteur assure *qu'il n'est pas vrai, qu'il ne sera jamais vrai, aux yeux des gens instruits, que la Monarchie Françoise ait péri par les finances.* Je ne suis pas du nombre

des

des gens instruits; car j'ai toujours cru, & je croirai toujours que sans le dérangement des finances, la Monarchie Françoise n'auroit point péri; que le déficit qui s'est trouvé dans les finances, a été le motif de diverses mesures extraordinaires qu'a pris le Gouvernement; & que ce mot funeste de déficit a retenti d'une extrémité du Royaume à l'autre, & a été un mot de ralliement pour le mécontentement national; que quand l'Auteur du *Tableau de l'Europe* a proposé pour remplir ce déficit, d'augmenter les impôts, il y a eu des plaintes générales contre l'administration & la dilapidation des finances; & que ces plaintes justement ou injustement ont eu pour principal objet l'administration de l'Auteur; ces plaintes ont été le sujet de toutes les conversations; elles ont été consignées dans les écrits d'auteurs de toutes professions, & de tout système; elles ont été adoptées par les Cours de Justice, par les Notables, par les Etats-Généraux; quand l'Auteur a voulu se justifier, il a été unanimement contredit par ses prédécesseurs MM. Necker, Fleury & d'Ormesson, & par ses successeurs MM.

 de

de Fourqueux, Archévêque de Sens & Necker ;
je ne prétends point décider si les prédécesseurs &
les successeurs de l'Auteur ont attesté des faits
faux, & si lui seul a certifié la vérité, si la nation
a eu tort envers l'Auteur, ou si l'Auteur a eu tort
envers la Nation ; je dis seulement qu'il a existé
des plaintes graves contre l'administration, & prin-
-cipalement contre l'administration de l'Auteur,
qui certainement ne les a pas ignorées puisqu'il y
a répondu ; or, de la censure du Gouvernement,
la Nation a passé à la censure de la Constitution
de l'Etat, & de cette censure à la destruction ;
telle a été la marche des opinions & des procédés ;
ce sont des faits généralement connus.

Quelque sujet que traite l'Auteur du *Tableau
de l'Europe*, Religion, Politique, Constitution des
Etats, Population, Administration, Finance, Histoire la plus récente, celle même qui le concerne
personnellement ; dès que cet Auteur établit un
fait comme certain, si on prend la peine de le soumettre à une vérification, par une fatalité inconcevable on trouve la preuve exacte du fait
contraire. Quand on a la témérité de censurer

son

son Roi, & la confiance de s'annoncer à sa nation comme l'oracle qui découvre les fautes du passé & prédit celles de l'avenir, il semble qu'il faudroit au moins donner plus d'attention à ses assertions.

Il seroit bien à désirer que l'Auteur se rendit enfin justice sur son genre d'esprit qui certainement mérite de grands éloges sous beaucoup de rapports, mais qui certainement aussi n'est pas propre à la discussion de questions dans lesquelles l'erreur peut être nuisible au rétablissement de l'ordre public, offensante pour le Roi, & à ces deux titres au moins très-affligeante pour les bons François & les fidèles serviteurs du Roi.

NOTE.

(1) *Princes Bourbons* ; expression inexacte. Quand on parle des Princes de la Maison Royale de France, on ne doit pas les nommer Princes Bourbons, mais les Princes de France. Cette dénomination appartient essentiellement à tous les Princes du Sang de France ; & les noms d'Orléans & de Bourbon ne sont que des noms distinctifs des branches cadettes. Hugues, tige de la race régnante, étoit Duc de France avant de monter sur le trône, & portoit le nom de France ; huit siècles de règne ont encore identifié le nom de France avec le nom de la race régnante ; Robert, fils de St. Louis, tige de la maison régnante & de tous les Princes du Sang de France existans, pour se distinguer des branches aînées.

aînées, prit le surnom de Clermont, nom de terre qu'il changea dans la suite contre le surnom de Bourbon, nom d'une autre terre ; lorsqu'un des descendans de Robert de France, Henry IV., aîné de la branche de Bourbon, monta sur le trône, il ne dut plus avoir & n'eut plus d'autre nom que celui de France ; & le surnom distinctif de sa branche resta à son cadet dont sont issus les Princes de France dits de Bourbons-Condé & de Bourbons-Conty. Les enfans de nos Rois ont toujours porté le nom de France ; Louis-Stanislas-Xavier de France, aujourd'hui Roi ; Charles-Philippe de France, aujourd'hui Monsieur ; Leurs Altesses Royales les Ducs d'Angoulême & de Berry, petits fils de France, doivent être distingués par d'autres surnoms. La branche d'Orléans n'a jamais eu le surnom de Bourbon ; & ce surnom quelqu'auguste qu'il soit & par lui-même & par les grands hommes qui l'ont porté & le portent encore aujourd'hui, ce surnom, s'il étoit appliqué à tous les Princes de la Maison de France, pourroit paroître une dégradation, parce qu'il les réduiroit à une dénomination tirée d'un simple fief. Ce changement de nom dans les circonstances, est plus important qu'il ne le paroît, d'autant que c'est par un pareil changement de nom, que les Républicains ont commencé la dégradation de Louis XVI. L'Auteur du *Tableau de l'Europe* est trop instruit pour ignorer ces faits, & trop éclairé pour n'en pas sentir la conséquence ; & il faut présumer que cette inexactitude ne procéde que d'inattention.

CONCLUSION.

POUR former mon opinion sur le *Tableau de l'Europe*, si je rassemble les traits qui le caractérisent, & que j'ai mis dans ce Rapport sous les yeux de VOTRE MAJESTÉ ; attaque de la Loi Salique, assertion qu'il n'existoit en France avant la Révolution nulle loi fondamentale, proposition aux François de se donner une nouvelle Constitution Politique indépendante des institutions précédentes, censure du Manifeste du mois de Juillet 1795, aussi indécente qu'injuste, enfin, exhortation aux sujets fidèles de VOTRE MAJESTÉ de méconnoître ses intentions ; je ne puis me dispenser de prononcer que l'ouvrage intitulé *Tableau de l'Europe*, en ce qui concerne le régime politique de la France, seul aspect sous lequel je le considère, est composé sans aucun objet d'utilité réelle, qu'il énonce des opinions exactement contraires à celles précédemment soutenues par

K k 2

l'Auteur

l'Auteur dans d'autres circonstances, qu'il contient des assertions de faits inexactes, qu'il établit des principes qui compromettent les droits du Trône & les droits personnels, de Votre Majesté & de sa Maison ; qu'il expose la France, par la proposition d'un nouveau système politique, à de nouveaux égaremens, & à de nouveaux malheurs ; enfin que si cet ouvrage obtenoit confiance, l'Europe concevroit de nos loix une opinion injuste & humiliante ; les républicains François pourroient croire la Révolution justifiée, au moins dans ses principes, les sujets fidèles de Votre Majesté devroient se séparer d'elle, au moins par les opinions qu'ils adopteroient, & le but auquel ils tendroient.

Si j'inculpe l'ouvrage, je ne prétends point inculper l'Auteur. Les opinions les plus imprudentes, les plus fausses, les plus funestes sont conciliables avec des vues pures, & l'hérésie politique ne doit pas être traitée plus sévèrement que l'hérésie religieuse : on a vu le célébre Archévéque de Cambrai ajouter un nouveau lustre à ses vertus par une rétractation publique ; grand & bel exem-

ple

ple pour tout homme vrai, qui n'a que des intentions louables !

Je ne me dissimule pas cependant que VOTRE MAJESTÉ a dû voir avec peine un ex-magistrat, un ex-ministre professer des principes, qu'il ne professeroit pas, si les organes de nos loix avoient conservé quelque pouvoir. Sans doute, il est bien douloureux pour VOTRE MAJESTÉ, dans l'abîme de malheurs où elle se trouve plongée, de voir un homme, que, depuis la Révolution, VOTRE MAJESTÉ a honoré de ses bontés, qui a été son principal agent, & qui a eu son secret, non seulement déserter la cause qu'il s'étoit glorifié de défendre, mais devenir le champion de la cause contraire ; annoncer que le Manifeste de VOTRE MAJESTÉ peut *induire à croire qu'elle veut établir le despotisme en France*, & obliger les François à se soumettre à sa Puissance *pieds & mains liés* ; cependant VOTRE MAJESTÉ voudra bien considérer à quelle indiscrétion peuvent conduire l'inexactitude dans l'observation des faits, & la précipitation dans le jugement, ou peut-être quelque désir de devenir par ce paradoxe chef de secte; de

s'ériger

s'ériger en législateur, &, par l'influence sur l'opinion publique, de proroger un ministère qu'on
n'est plus appellé à exercer ; torts de légèreté
& d'amour - propre, qui peuvent écarter l'idée
de torts plus graves. Mais l'Auteur a des titres
plus honorables pour trouver grâce auprès de Vo-
TRE Majesté, on l'a vu soutenir avec éclat
les principes qui doivent être gravés dans le cœur
de tout bon François ; & Votre Majesté n'ou-
bliera point que lorsque les armées Françoise &
Prussienne pénétroient dans le Royaume, & étoient
sur le point d'y rétablir l'ordre & la justice, il a
donné de grandes marques de zèle. Peut-être Vo-
TRE Majesté trouvera qu'il est de sa dignité &
de sa bonté, de ne voir que ce qui peut être apper-
çu favorablement, de détourner ses regards du
Tableau de l'Europe, & de ne connoître que *l'Etat
de la France présent & à venir*, d'oublier les
erreurs & les fautes, & de ne se souvenir que des
services.

. Je n'aurois point fixé si long-temps l'attention
de Votre Majesté sur un ouvrage qui ne doit
quelque célébrité qu'aux circonstances ; s'il n'eut

été

été question que de savoir si cet ouvrage mérite éloge ou improbation, & quels sont les torts de l'Auteur, ou quelles peuvent être ses excuses, objets d'un médiocre intérêt. Mais, d'après les conseils de personnes distinguées par leurs places, leurs vertus, & leurs lumières, il m'a paru d'une haute importance de réfuter des assertions fausses & dangereuses, de présenter à Votre Majesté l'analyse des loix de l'Etat, le vœu de la nation à diverses époques, les principes établis par les plus grandes publicistes, & admis de tout temps dans les conseils des Rois prédécesseurs de Votre Majesté ; & ainsi de mettre en évidence les bases du Manifeste du mois de Juillet 1795.

Il me semble que par suite de ce plan, & pour complément de ce Rapport, je dois exposer à Votre Majesté, quelles opinions me paroissent devoir être adoptées sur les Républicains François, & sur leurs maximes, & esquisser le plan d'ordre public qui, en faisant justice à la Nation, peut mettre un terme à la variation des systêmes politiques, & faire cesser la plus terrible catastrophe, qui ait affligé l'humanité en Europe.

Je

Je ne dissimulerai point à Votre Majesté, que je ne puis adopter cet esprit de parti qui voue haine à tout le parti contraire, & en criminalise tous les sectateurs ; il me semble qu'on ne considère pas assez quel empire prend une opinion présentée avec éloquence sur un esprit qui n'est pas en état de le juger par lui-même ; quel ascendant un sentiment accrédité acquiert sur une ame foible, & comme dans tous les temps & sur tous les objets, le préjugé, la passion & l'esprit de parti ont falsifié les idées du juste & de l'injuste. J'en prends à témoin l'homme qui a le mieux connu l'homme dans l'état de trouble & de faction : *Les hommes ne se sentent pas* (dit le Cardinal de Retz) *dans ces sortes de fièvres d'Etat, qui tiennent de la frénésie ; je connoissois en ce temps des gens de bien, qui étoient persuadés jusqu'au martyre , s'il eut été nécessaire, de la justice de la cause de MM. les Princes ; j'en connoissois d'autres d'une vertu désintéressée & consommée, qui fussent morts avec joie pour la défense de celle de la Cour.* Si telle a été l'exagération de la passion dans cette guerre qui fut plutôt une tracasserie de cour qu'une dis-

sention

sention nationale. Aujourd'hui que de plus grands intérêts nous agitent, il est facile de concevoir l'excès du délire ; & on ne doit pas s'étonner, si dans quelques François la haine même est un effet de la vertu. Quant à moi, j'ai peine à rompre ces liens, à renoncer à ces affections qui, ayant commencé avec mon existence, semblent se confondre avec les sentimens de la nature ; & dans ces Républicains devenus mes persécuteurs, j'apperçois encore mes concitoyens. Je ne me dissimule pas que sous ce nom de François dont longtems je m'honorai, il existe encore, même au sein de la République, des hommes réellement estimables ; l'amour de l'humanité & de la patrie, l'idée de rendre l'homme aussi heureux que le comporte l'état social, le projet de faire régner la justice la plus exacte & de supprimer tous les abus ; ces idées sont si grandes, ces sentimens si nobles, qu'il est possible que leur exaltation égarant des ames pures, ait fait considérer des injustices comme des sacrifices nécessaires de l'intérêt particulier à l'intérêt général, & des actions desavouées par la raison & par la morale, comme légitimées par le patriotisme.

L l   Combien

Combien de Républicains engagés à leur insçu dans la carrière du crime, sont aujourd'hui les instrumens involontaires de la puissance qu'a créée leur imprudence ! Quels souvenirs douloureux doivent les affecter en observant le changement prodigieux qu'a subi ce pays dont l'aspect étoit si brillant, les productions si riches, les arts si florissans, l'habitation si tranquille & si heureuse ; en voyant l'aliment qui est la dernière ressource du pauvre, composé dans plusieurs contrées de substances enlevées aux plus vils des animaux, dans toutes ayant éprouvé dégradation dans sa qualité, & étant encore en quantité insuffisante ; le signe des échanges par sa falsification, égarant les spéculations du commerce, interceptant toutes les relations de l'intérêt, & ne permettant pas à celui qui a le superflu dans un genre de possession, de se procurer le nécessaire dans un autre. Quelle propriété est à l'abri de ces réquisitions sans fin, sans mesure, sans régle, sans justice, qui rendent le droit de propriété illusoire. Quelle ville, quel village, souvent quelle place ou quelle rue n'a pas acquis une malheureuse célébrité pour avoir été le théâtre de

quelque

quelque atrocité ; quel François n'a pas à rede-
mander un parent ou un ami à ces bourreaux législateurs que la Providence par un premier essai
de sa justice a précipité dans la même tombe où
ils avoient enfoui leurs victimes. Quelle famille
est assurée que le lendemain on ne viendra pas
enlever de ses bras l'objet de ses justes & tendres
affections, seul en état de fournir par ses travaux à la subsistance de tout ce que la nature lui
ordonne d'aimer & de secourir ; & que ce soutien
de la famille, ne sera pas forcé à combattre contre
ses parens & ses amis dans ces insurrections sans
cesse réprimées, sans cesse renaissantes & inter-
minables dans le régime actuel : tristes combats
où on meurt sans gloire, & où il faut pleurer sur
les victoires autant que sur les défaites. Quelque
soit le délire des Républicains au sentiment de
leurs maux, à l'idée des nôtres auxquels ils ne peuvent être insensibles, ils joignent la conviction
accablante d'en avoir été les auteurs ; enfin ils
sont réduits à trembler devant les objets de leur
haine & de leur mépris, devant des usurpateurs
même dans le sistême révolutionnaire. Misère,
remords, avilissement, que manque t-il à leur
chatiment ?

 J'avouerai

J'avouerai même que, malgré moi, quelque sentiment de pitié & de commisération se mêle à l'horreur qu'inspirent ces hommes aussi insensés qu'odieux ; qui, avec des idées romanesques & des actes d'atrocité, ont formé ce ridicule & monstrueux édifice de la démocratie, qui, un peu plutôt, un peu plus tard, doit en s'écroulant écraser de ses débris la tête des constructeurs.

J'oserai avouer encore que dans ce code de la démocratie Françoise tant célébré par une improbité sistématique, tant admiré par un fanatisme ignorant, justement censuré par tout esprit sage & abhorré de tout homme vertueux, je trouve plus de maximes dangereuses, que je n'en trouve de fausses & d'injustes. Enoncées d'une manière indéterminée, exprimées en termes insidieux, interprétées avec fausseté, exécutées avec férocité, mêlées avec des propositions essentiellement vicieuses, ces maximes ont formé un corps de doctrine odieux, un catéchisme du crime & un sistême de subversion de tout ordre social. Cependant plusieurs de ces principes sont vrais d'une vérité éternelle (1) ; ils ont été établis par tous les publicistes, avoués par tous les hommes d'Etat ;

ils

ils sont le germe, le texte, ou la conséquence de plusieurs de nos loix.

Tous les Parlemens du Royaume ont professé une grande partie de ces principes qu'un zèle inconsidéré flétrit dans la bouche des Républicains. Dans une des assemblées du Parlement de Paris le plus solemnelles, M. Talon, avocat-général aussi célébre par son éloquence que par ses vertus, a établi des règles de liberté civique aussi hardies, aussi étendues que la plûpart de celles établies dans ces derniers temps.

Souvent j'ai entendu dans les Conseils des Rois vos prédécesseurs, défendre les droits des peuples, fixer les limites de la puissance royale, & réclamer le pacte social, non dans les mêmes termes que dans les clubs, mais avec le même vœu d'équité ; & la vérité, pour être revêtue des formes de la politesse & du respect, ne perd rien de sa pureté ni de son énergie. Ce n'est que par une imposture insidieuse, par la dissimulation des loix existantes, par l'exagération évidente des torts du Gouvernement, & par la confusion de l'abus & des principes, qu'on a persuadé à une multitude ignorante qu'elle doit ses droits à la révolution.

2   Je

Je proteste que dans tout homme je reconnois un frère ; que je m'honore du nom de citoyen, & que j'en défendrai les droits tant que j'existerai ; que j'abhorre le despotisme, & que nul plus que moi ne mérite le titre de patriote ; car pourquoi céder à un fanatisme coupable un titre qui exprime un devoir & un vertu ? mais à ce titre même, je suis sujet fidèle de Votre Majesté ; j'aime mon Roi, parce que j'aime ma patrie ; & c'est le désir du bonheur de ma nation & de mon bonheur personnel qui m'attache indissolublement à la Monarchie.

Que la République force les Puissances qui la combattent à mettre bas les armes, à reconnoître, & même si on veut, à garantir sa constitution ; qu'elle relève le crédit de ses assignats ; qu'elle y substitue un autre signe monétaire ; qu'elle fasse rentrer dans son sein toutes les espèces qui en sont sorties ; qu'elle recouvre sa population & ses richesses, & en même tems acquitte fidèlement tous ses engagemens ; enfin, qu'obtenant tous les succès que le hasard peut procurer à l'imprudence & que le ciel peut permettre à l'injustice, elle concilie par des prodiges inconcevables, même ce qui est contradictoire ; alors il pourra

exister

exister quelques intervalles de calme, & quelques momens de tranquilité ; mais les troubles, les cabales, les partis, les violences, les insurrections seront toujours l'état habituel. On veut rejetter la honte & l'horreur de tous les actes infâmes & inhumains qui ont souillé la France sur la tête d'un homme dont le nom semble être devenu celui du crime. On dit : Robespierre fut le Néron de la France & il en a été fait justice. Eh ! qu'importe qu'un monstre ait été massacré par des monstres, ses complices & ses rivaux ! son sistême lui survit, peut-être suspendu ou dissimulé, mais toujours existant. Robespierre vit encore, il vivra tant que subsistera un ordre de choses insensé & odieux. Tous ces attentats qui font frémir la nature, n'appartiennent ni à Robespierre ni à ses successeurs, ils appartiennent à un régime faux, qui par sa fausseté, nécessite l'injustice, la violence, l'atrocité. Et tant qu'un tel régime subsistera, la France ne peut être une terre habitable.

Plus on médite sur les élémens constitutifs des Empires, plus on considère la France ; & plus on est convaincu de la sagesse de ces notions simples & évidentes, reconnues par nos pères, confirmées

par

par les événemens, obscurcies par l'agitation & le trouble, contestées par la mauvaise foi de l'esprit de parti. En France, sans Roi point de sureté ; sans assemblée de la nation point de liberté ; avec un Roi & une assemblée de la nation, sureté & liberté.

Si ce tems étoit enfin arrivé où la nation étant plus calme & plus en situation de juger ses intérêts, VOTRE MAJESTÉ pourra se concerter avec elle pour régler la Constitution de l'Etat ; & si VOTRE MAJESTÉ me faisoit l'honneur de me consulter ; quelque timidité que doive inspirer, & quelque réserve que prescrive une décision de laquelle dépend le bonheur de tant de millions d'hommes, j'avoue que je ne craindrois point de produire mes idées, en me référant au principe établi par VOTRE MAJESTÉ ; oui, ce seroit le Manifeste à la main, que je formerois mon opinion ; & je desirerois pouvoir être entendu de la nation entière, parcequ'une opinion fondée sur une telle bâse, n'est que le résumé des titres de la nation, le développement de ses droits, la défense de ses intérêts. Parvenu à ce moment de la décision, il m'est indifférent que les dispositions du Manifeste

soient

soient plus ou moins développées ; puisqu'il se ré-
fére à la constitution, il s'identifie avec elle ; &
cette constitution peut seule être mon guide ; hors
d'elle, je ne rencontre que des sistêmes métaphysiques, des opinions desordonnées, des spéculations dont le succès est incertain, des prétentions
sans limites, des germes de dissentions éternelles.
Dans cette constitution, rappellée à ce qu'elle est
essentiellement, & munie de dispositions qui en
assurent l'exécution, je trouve l'assurance de la
liberté nationale & de la tranquilité de l'Etat, la
solution de toutes les difficultés, &, soit pour le
present, soit pour l'avenir, les moyens de réformer
les institutions dont le vice ou les imperfections
seront reconnues.

Je me borne donc à extraire les principes qui
résultent de cette constitution. En consequence,
je ne reconnois point pour loix fondamentales de
l'Etat, les loix qui n'ont pas été concertées avec
la nation. Quelque sages, quelque justes qu'elles
puissent être, elles sont nulles par défaut de pouvoir.

Les loix intervenues sur le régime politique de
la France conformément au vœu de la nation, sont
les seules loix fondamentales de l'Etat.

M m

Con-

Conformément à ces loix, la nation doit avoir des Représentans. Ces Représentans doivent s'assembler. Ils peuvent reclamer contre toute institution, toute opération, tout acte du Gouvernement préjudiciable à la nation, ou contraire à ses droits. Sans leur consentement, aucune loi de l'Etat ne peut être donnée, aucun impôt ne peut être crée.

Le Roi admet ou rejette le vœu de la nation, donne les loix ou crée les impôts qui ont été consentis par elle, il a la plénitude du pouvoir exécutif.

Le pouvoir judiciaire ne peut être exercé par le Roi lui-même, mais doit être exercé en son nom par des officiers irrévocables.

Toute distinction entre les citoyens doit être fondée sur services rendus à la patrie.

Nulle contrainte ne peut être exercée, nulle peine ne peut être infligée que conformément à la loi, & d'après jugement rendu par juges reconnus par la loi.

Obéissance n'est point due à l'ordre contraire à la loi ; & tout infracteur de la loi doit être puni.

Les loix

[Suivent les pages numerotées, par erreur d'impression, 261, 262, jusqu'à la fin de l'ouvrage.]

Les loix ne peuvent être révoquées que par la même puissance qui les a créées, & par ce moyen peuvent & doivent être abrogées toutes loix contraires aux droits de l'humanité & à la liberté nationale.

Tels sont les élémens de nos loix, & j'y trouve les traces des dispositions additionnelles qui doivent en assurer le maintien. Le silence de nos loix sur quelques parties de notre droit public, indique quel doit en être le complément, & les causes de leur inexécution dictent les mesures à prendre pour la prévenir.

Nos loix établissent la nécessité de la tenue des assemblées de la nation, mais elles n'en fixent point le terme : & de cette indécision a résulté la désuétude de ces assemblées. Si elles étoient permanentes, elles envahiroient le Gouvernement ; si la tenue en étoit incertaine, le Gouvernement pourroit les éloigner & envahir la législation. Leur périodicité doit donc être fixée à des termes courts & certains ; & ce fut de tous temps l'objet du vœu national.

Les loix les plus solemnelles ayant été enfreintes, celle sur la tenue des assemblées de la

nation

nation doit être garantie par la nécessité de l'exercice des fonctions que ces assemblées sont seules en droit d'exercer, l'Etat ne pouvant subsister sans impôts, l'impôt ne pouvant exister que par le consentement de l'assemblée ; si l'impôt n'est concédé que pour un bref délai, à l'époque de la cessation de l'impôt, la convocation de l'assemblée devient indispensable ; dès-lors son existence est liée à l'existence de l'Etat ; & la perception d'un impôt non autorisé par la loi trouvant un contradicteur dans tout contribuable, l'intérêt individuel de chaque citoyen est une caution du maintien des assemblées de la nation.

Les principes de l'assiette de l'impôt n'étant point déterminés par la loi, l'ignorance & l'intérêt particulier les ont falsifiés & ont donné naissance aux gabelles, aux aides, aux tailles, débris fiscaux du régime féodal qu'il paroît indispensable de supprimer ; les gabelles, parce qu'elles portent sur un besoin & non sur un produit ; les aides, parce que telles qu'elles existoient, elles affectoient la consommation du pauvre plus que celle du riche ; & la taille, parce que dans la plus grande partie du Royaume elle portoit sur l'industrie

dustrie plutôt que sur le sol ou sur ses produits, &
partout elle admettoit des distinctions inadmis-
sibles en matière d'impôt.

La loi de 1795, qui ordonne que tous les impôts
seront supportés par tous dans la proportion de
leurs propriétés, cette loi présentée à la nation
comme une innovation bienfaisante du républi-
canisme, dans la réalité n'est ni une innovation, ni
peut-être une règle suffisamment équitable. Déjà
le feu Roi Louis XVI avoit marqué ses intentions sur cette égalité d'impôt ; mais d'après les
lumières qu'a acquises notre siècle sur les principes
de toute contribution, il seroit à désirer pour
qu'une justice entière fût rendue à la pauvreté,
que l'impôt ne portât que sur les possessions qui
forment un superflu, ou du moins que cet impôt
fût établi de préférence à tout autre. Cette taxe
même ne devroit pas être dans une simple proportion numérique, mais dans une proportion
morale & politique (3), ensorte que l'impôt fût
gradué suivant l'excès du luxe & plus encore suivant le préjudice qui résulte pour l'Etat de divers
genres de luxe. La répartition des impôts n'ayant

pas

pas été réglée plus que leur assiette, des injustices d'un autre genre en ont résulté ; cette répartition doit être établie de manière que dans toute l'étendue du Royaume un superflu égal, & après le superflu un revenu égal, soient grevés d'une égale contribution.

L'ordre de la dépense n'ayant point été fixé, la ruine de l'Etat s'en est suivie ; il est donc nécessaire que l'emploi des revenus de l'Etat soit tellement déterminé, que le citoyen soit assuré que non-seulement il ne paye pas la plus légère somme dont il n'ait consenti la levée, mais même que chaque portion de cette somme aura l'emploi auquel lui-même l'a destinée par l'organe de ses représentans.

Une Constitution ainsi organisée est évidemment la seule qui puisse convenir à la France & la faire jouir avec stabilité des grands avantages qui sont le produit de l'état social. Une telle Constitution est exactement conforme aux principes généraux des sociétés politiques ; il y existe division des pouvoirs législatif & exécutif, & combinaison de ces deux genres de pouvoirs ; ensorte que

que la nation ne peut produire une loi que par la volonté du Roi, & le Roi ne peut la donner sans le consentement de la Nation. La Nation n'est point appellée à gouverner, mais le Roi ne peut gouverner sans l'assistance de la Nation, parce que la finance est un moyen indispensable de Gouvernement ; les pouvoirs législatif & exécutif étant ainsi en présence & en opposition, & sous divers rapports dans une dépendance réciproque, les entreprises illégales de l'un ou de l'autre trouvent des obstacles ; cependant ces deux pouvoirs sont obligés de se rapprocher & de se concerter pour donner au corps politique le mouvement sans lequel il périroit ; malheur dont l'un & l'autre pouvoir seroient les victimes. Dans un tel équilibre, & dans une telle combinaison des pouvoirs, réside essentiellement la liberté ; & il n'est pas un publiciste, si son suffrage n'est pas corrompu, par le préjugé, par l'esprit de parti, ou par quelque vil intérêt, qui ne reconnoisse dans un tel ordre de choses, ces barrières tutelaires de l'humanité qui contiennent la Monarchie qui tendroit à la tyrannie, & la liberté qui dégénéreroit en licence.

I Qu'il

Qu'il me soit permis d'observer encore ici ce que je ne puis trop répéter, que dans l'avis que je prends la liberté de proposer à Votre Majesté, il n'est aucune idée qui m'appartienne ou même qui ait un caractère de nouveauté. Toutes les institutions que je viens d'exposer devoir être parties intégrantes de la Constitution de l'Etat, sont l'extrait de nos loix, elles en sont les accessoires, les conséquences, elles ont été demandées par les assemblées de la nation, ou promises, ou même offertes par nos Rois ; elles entroient dans le plan de ce Roi-Citoyen qui vient d'être le martyr de la liberté pour avoir voulu en être le restaurateur. Sans doute son ame vertueuse & patriotique éprouveroit quelque sentiment de consolation, si de tant d'affreux événemens résultoit l'avantage si important & si chèrement acheté, que l'antique Constitution de l'Etat fût revivifiée ; que le maintien en fût garanti par son organisation ; & que, par ces moyens, fussent assurés la liberté, la tranquillité & le bonheur de la nation.

Je ne m'explique pas plus amplement sur les modifications qu'il peut être juste & expédient

d'admettre

d'admettre dans les loix de l'Etat, (4) parce qu'il n'entre point dans le plan de ce Rapport de proposer à Votre Majesté un projet de Constitution, mais seulement de lui en présenter les bases, d'extraire les élémens de nos loix, d'en faire connoître la sagesse & la justice, les causes de leur inobservation, les moyens qu'elles-mêmes offrent d'en assurer l'exécution, d'en réformer les imperfections ou les vices, & de tenir toujours nos institutions au niveau de chaque siècle. Si pourtant il étoit nécessaire de porter plus loin ces vues de législation, & d'indiquer comment doivent être circonscrits sur tous les points la puissance de nos Rois & les droits de la nation ; forcé par l'horrible tempête qui a renversé toutes les barrières qui contenoient l'opinion, de pénétrer dans ces abîmes antiques où reposent dans une prudente obscurité les titres originaires des peuples & des Rois, j'invoquerois cette loi première, loi fondamentale des loix fondamentales de tous les Empires : l'intérêt des peuples a créé les Rois; là où finit cet intérêt, là finit leur puissance. Que les conséquences de ce principe soyent tirées,

&

& tout le code de la Monarchie Françoise est tracé. Quelque hardie que soit cette idée, je ne crains point de la présenter à Votre Majesté ; ja connoissance que j'ai acquise de ses sentimens & de ses opinions, par les relations d'affaires dont j'ai été honoré auprès d'elle pendant dix années, me permettent de présumer que je suis ici l'interprête de ses principes.

Si ce Rapport étoit connu d'autres personnes que de Votre Majesté *& de son Conseil pour qui il est destiné, peut-être la méchanceté qui censure les intentions & attaque le caractère pour décréditer les opinions, attribueroit cet écrit à la vanité d'être sous les yeux de* Votre Majesté *le défenseur d'une cause célèbre, ou à des vues d'ambition & à un esprit de flatterie ; dans la perspective de tout événement, je répondrai d'avance à ces imputations, & je n'y répondrai que par des faits.*

Ma

Ma vie dont le cours commence à s'avancer, n'a pas eu un grand éclat ; peut-être en a-t-elle eu trop pour mon bonheur ; cependant si je puis me féliciter de quelques actions louables, j'ai pris plus de soin pour les cacher, que d'autres n'en ont pris pour en cacher de repréhensibles. Celles de mes actions qui ont eu une publicité indispensable, prouvent que je n'ai point l'ame servile. Jamais je n'ai voulu être d'aucune de ces commissions qui se substituent aux tribunaux légitimes pour prononcer sur la vie & sur l'honneur des citoyens.

Lorsqu'en 1766, d'après un plan donné par des personnes qui ne connoissoient pas ou qui ne respectoient pas les loix de l'Etat, tout le Conseil du Roi fut transformé en commission criminelle pour juger MM. de la Chalotais, je fus prévenu personnellement que la contradiction de ce plan pourroit nuire à mes progrès dans la carrière que j'avois à parcourir ; cette considération ne m'arrêta point ; je

 m'oppo-

m'opposai au Conseil à cette infraction des loix;
& je fus seul. Lorsque d'après d'autres vues
aussi irrégulières, toutes les cours de justice furent supprimées dans le Royaume & remplacées
par d'autres, je crus cette innovation contraire aux
intérêts de la nation & du Roi, & contraire à la
loi. Je refusai de coopérer à cette suppression, &
de remplacer la cour de justice établie dans la province dont l'administration m'étoit confiée; & ce
refus m'a coûté ma place. J'ignore si VOTRE
MAJESTÉ a été instruite que le Prince son frère
m'ayant fait l'honneur de me choisir pour son Chancelier, place que je n'avois point demandée, j'ai donné
aux personnes chargées de ses affaires un exemple
de désintéressement, & que même pour prouver à
ce Prince le zèle le plus pur, je me suis fait une loi
de n'obtenir aucune grâce ni de lui ni par lui.

Je n'étendrai pas plus loin ces détails qu'il me
coute de rapporter; mais afin d'éviter à la mali-

gnité des torts inutiles ; je supplie VOTRE MAJES-
TÉ de permettre que je déclare ici que je ne demande
ni pour le présent ni pour l'avenir, aucune autre
place que celle dont je suis honoré ; & que jamais
je n'en accepterai aucune. Je crois devoir servir
ainsi mon Roi dans le malheur, convaincu que je sers
ma patrie & l'humanité.

N O T E S.

(1) La justice & la vérité sont deux pointes si subtiles, que nos instrumens sont trop émoussés pour y toucher exactement ; s'ils y arrivent, ils en écachent la pointe & appuyent tout autour plus sur le faux que sur le vrai. (Pascal).

(2) Prétendre que le rétablissement de la monarchie entraîneroit autant de maux que sa destruction, c'est soutenir que les suites de la guérison sont aussi funestes que les suites de la blessure ; qu'il est aussi dangereux pour le bâtiment de replacer la clef d'une voûte, que d'en laisser la voûte dépourvue. En médecine ou en architecture, de tels argumens n'obtiendroient pas l'honneur de la réfutation ; dans l'ordre politique, de telles assertions trouvent des sectateurs.

(3) Ce système d'impôt a été & est admis chez les peuples qui ont des lumières & la volonté d'être justes. A Athènes, un revenu de cinq cent mesures de grain payoit un talent ; trois cent mesures, un demi talent ; & deux cent mesures, un sixième de talent ; un revenu inférieur ne payoit rien. A Rome, dans les crises de l'Etat, non seulement les Sénateurs se taxoient dans une proportion plus forte que celle des autres citoyens ; il y eut même des occasions où ils exemptèrent le peuple de tout impôt, déclarant que les pauvres payoient une assez forte contribution à l'Etat en élevant leurs enfans. En Angleterre, la plus grande partie des impôts porte sur les jouissances de la richesse & la consommation du luxe.

(4) Je

. (4) Je ne fais point ici mention du pardon des crimes commis pendant la Révolution, parce que le Roi a déjà manifesté ses intentions sur ce sujet. Je ne m'explique pas non plus sur les moyens par lesquels doit être opéré le rétablissement de l'ordre public, & parce que cette discussion est étrangère à l'objet de ce Rapport, & parce que le plan de la réparation des injustices & des désordres commis à l'occasion des troubles, ne peut être arrêté que lors de la restauration de la puissance légitime. Il n'en est pas des décisions à donner sur les affaires publiques, comme de celles qui interviennent sur les affaires privées ; dans celles-ci, la loi commande la décision ; & dans les affaires publiques, ce sont les faits qui commandent la décision. La durée, l'étendue, l'excès même du désordre peuvent forcer à l'indulgence ; & quelles que soient les régles de l'équité, rien ne doit être ordonné que ce qui est possible & expédient.

. Si, lors du rétablissement de la Monarchie, un grand nombre de François a contracté des mariages qui ne soient pas conformes à nos anciens réglemens, il seroit injuste, impolitique, inhumain de briser tous ces liens de famille, d'anéantir les titres de parens & d'alliés, d'arracher les époux des bras l'un de l'autre, & de traiter comme illégitime aux yeux de la loi une partie de la nation.

. Si à cette époque la dette publique est énorme, ou si elle est foible ; si les possessions, les revenus, les ressources de l'Etat sont supérieurs ou inférieurs aux besoins ; si depuis le changement des titres de créance, il est facile ou difficile, possible ou impossible de distinguer les anciennes dettes de l'Etat ; si dans les dettes nouvelles il en est qui ayent eu des causes plus favorables les unes que les autres ; & si l'argent prêté est identifié à la création de quelqu'établissement utile & subsistant, ces faits peuvent prescrire des déterminations différentes, admettre des tempéramens, suggérer des expédiens.

Il

Il en est de même du parti à prendre sur la monnoie fictive qui aura cours à cette époque ; il pourra être nécessaire de considérer la quotité de cette monnoie, son crédit ou son discrédit, le nombre des espèces réelles circulantes, la quantité de métaux précieux existant dans le royaume.

Plusieurs de ces considérations ne sont point étrangères aux propriétés de la Couronne, aux biens patrimoniaux confisqués, aux biens ecclésiastiques, à la jouissance de ces biens, aux indemnités résultant de leur dégradation, & aux compensations dues pour leur amélioration. Diverses considérations peuvent influer sur le genre de preuve par lequel on peut suppléer aux titres qui ont été détruits & constater la propriété, & sur les distinctions entre le premier acquéreur depuis la révolution & l'acquéreur subséquent qui auroit pû ignorer à qui le bien a précédemment appartenu. La règle peut être susceptible de modifications pour les diverses provinces selon le tems où les désordres y ont commencé & les excès auxquels ils ont été portés. Enfin, nombre d'autres circonstances peuvent exiger nombre d'autres modifications.

Le résultat de ces observations est que sur tout ce qui s'est passé en France depuis la Révolution, deux principes paroissent devoir être admis : l'un, que les réglemens à intervenir étant nécessairement relatifs à l'état des choses au moment où le réglement sera donné, tout projet de législation antérieur est prématuré, imprudent, illusoire ; l'autre principe est que lorsque le tems de la détermination sera arrivé, elle doit être concertée avec les représentans de la nation ; & dans le même acte de justice nationale qui consacrera la restauration du Trône, doit être inscrit le sort de ceux qui ont profité ou souffert de la subversion de l'ordre public. Quand même le Roi pourroit de sa seule autorité faire exécuter un réglement sur cet objet, sa bonté & sa prudence doivent le porter à faire agréer par les représentans de

la

la nation la décision qui interviendra ; car, comme il en
résultera des sacrifices & des pertes pour un grand nombre
de François, il est à désirer qu'ils ne considérent leur sort
que comme la suite inévitable des événemens, & un malheur
dont la nécessité aura été reconnue par les dépositaires de
leur confiance.

FIN.